핵심 문법과 예제로 배우는

코틀린

알아두세요

1. 추가적인 도서 정보를 알 수 있는 곳입니다.
   www.roadbook.co.kr

2. 궁금한 점은 여기에 문의해 주십시오.
   roadbook.zerois.net

3. 이 책의 소스코드를 다운로드할 수 있습니다.
   http://github.com/kukuru/roadbook

핵심 문법과 예제로 배우는 **코틀린**

지은이 이난주 **1판 1쇄 발행일** 2017년 9월 5일 **1판 2쇄 발행일** 2017년 10월 26일 **펴낸이** 임성춘 **펴낸곳** 로드북
편집 조서희 **디자인** 이호용(표지), 심용희(본문) **주소** 서울시 동작구 동작대로 11길 96-5 401호
출판 등록 제 25100-2017-000015호(2011년 3월 22일) **전화** 02)874-7883 **팩스** 02)6280-6901
정가 20,000원 **ISBN** 978-89-97924-37-0 93000

이메일 chief@roadbook.co.kr **블로그** www.roadbook.co.kr

머리말

안드로이드 플랫폼이 소개되었을 때 이 플랫폼이 과연 성공할 수 있을지에 대한 의구심을 품었습니다. 하지만 안드로이드는 현재, 명실상부 모바일 플랫폼을 대표하는 플랫폼이 되었습니다. 안드로이드가 플랫폼으로 오픈소스를 지향한다는 측면에서 사람들이 우려와 관심을 한몸에 받았는데, 생각해 보면 '오픈소스'를 지향했기 때문에 이렇게 큰 성공을 거둘 수 있지 않았을까 하는 생각이 듭니다. 앞으로도 안드로이드에 대항할 수 있는 플랫폼을 찾기 힘들 것이라고 봅니다. 애플리케이션을 소비하는 사람들도 많고 이 플랫폼을 이용하여 이익도 창출되고 있기 때문입니다. 이런 상황에서 좀더 애플리케이션을 잘 만들고 쉽게 코딩할 수 있는 언어가 나오는 건 필시 자연스러운 방향인 것 같습니다. 그리고 한발 더 나아가 iOS 플랫폼의 애플리케이션을 하나의 언어로 만들 수 있다면 이는 더할 나위 없는 좋은 일이겠지요.

그런 면에서, 코틀린 언어는 이 방향으로 진행 중입니다. 코틀린 언어는 현재 자바와 자바스크립트를 지원하고 있지만 크로스 플랫폼 지원까지 염두에 두고 있습니다. 자바 환경을 버리지 못하는 개발자라면 코틀린을 익혀 크로스 플랫폼 애플리케이션까지 함께 개발하게 된다면 좋지 않을까요? 이 책이 이런 독자들께 코틀린에 대한 관심을 높이고 코틀린을 이해하는 데 첫걸음이 되었으면 좋겠습니다.

코틀린 언어를 학습하면서 국내서가 없어, 영어로 된 ebook을 보다가 코틀린 책을 번역해 보고픈 생각이 들던 터에, 이렇게 '코틀린'을 주제로 책을 쓰게 되었습니다. 필자로서 독자들에게 다가간다는 것이 쓰는 내내 부담스러웠으나, 이렇게 집필을 마치고 나니 뿌듯한 마음이 앞섭니다. 혹시라도 잘못된 내용을 전달하게 되는 건 아닌지, 못내 걱정스럽기도 하면서요. 하지만 좋은 분들의 도움으로 이렇게 집필을 마칠 수 있었습니다. 이 자리를 빌어 그분들께 감사의 인사를 전합니다. 먼저 책을 읽는 독자들을 위해서 예제를 손수 따라해 보고 피드백을 주신 임성춘 편집장님과, 저의 무뚝뚝한 개발자 말투를 부드럽게 바꿔 주신 조서희 편집자님께 감사의 말씀을 드립니다. 무엇보다도 항상 나를 응원해주고 지지해주는 가족 모두에게 사랑하고 항상 감사하다는 말을 전하고 싶습니다.

이난주 드림

1장과 2장은 개발 환경 설정과 꼭 알아둘 코틀린 문법에 대해 설명합니다. 3장부터 5장까지는 2장에서 학습한 문법을 바탕으로 안드로이드 애플리케이션을 제작해봅니다.

[2장] 핵심 코틀린 문법

클래스, 함수, 제네릭, 람다 및 코틀린에서 유용하게 사용할 수 있는 함수들에 대해서 살펴봅니다.

[3장] 국가 정보를 소개하는 애플리케이션 제작

애플리케이션 내부에 국가에 대한 정보를 저장하고 이 정보를 이용하여 사용자에게 여러 국가에 대한 정보를 보여주는 애플리케이션을 제작해봅니다.

[4장] 사용자 등록 애플리케이션 제작

안드로이드에서 제공하는 Sqlite DB를 이용하여 사용자의 정보를 저장하고 저장된 정보를 사용자에게 보여주는 애플리케이션을 만듭니다.

[5장] 일기예보 애플리케이션 제작

외부 API를 이용하여 인터넷으로부터 날씨 데이터를 받아 사용자가 원하는 지역에 대한 날씨 정보를 전달하는 애플리케이션을 만들어 봅니다.

다양한 예제 애플리케이션을 이해하기 위해서는 2장의 코틀린 문법을 정확하게 숙지해야 합니다. 코틀린 문법이 자바에서 파생되어 그 문법이 자바와 비슷하긴 하지만 이를 처음 접한 독자들에게 여전히 어려울 수 있기 때문입니다. 자주 사용하는 문법을 자바 코드와 비교하여 코틀린 주요 문법을 소개하고 있습니다. 2장을 이해할 때까지 반복해서 살펴보고, 3장부터 진행되는 다양한 예제를 실습해보기 바랍니다.

예제 소스를 눈으로 학습하기보다는 독자 여러분이 직접 따라하면서 익히기를 추천합니다. 눈으로는 이해가 되지만 막상 이해했던 내용을 코딩하려면 안 되는 경우가 종종 있기 때문입니다.

예제 소스를 내려 받는 방법

이 책에 나오는 모든 예제와 연습문제의 해답은 완성된 프로그램 형태로 Github에 올라가 있습니다. 예제를 따라하던 중 풀리지 않는 문제를 만나게 되면 예제 소스를 참조하여 문제를 해결하기 바랍니다. 그리고 예제를 처음 임포트하게 되면 SDK 경로가 맞지 않는다는 경고 팝업이 뜰 텐데요, 이때는 〈OK〉 버튼을 누르면 자동으로 안드로이드 스튜디오가 독자의 SDK 경로를 바꾸니 신경 쓰지 않아도 무방합니다. 이제 Github에서 예제 소스를 내려 받아 봅시다.

1. Github의 예제 소스가 있는 사이트에 접속합니다.
   • https://github.com/kukuru/roadbook

2. 아래 그림과 같이 [Clone or download] 버튼을 클릭하고 〈Download Zip〉 파일을 클릭합니다.

3. 다운로드한 파일을 원하는 폴더에 압축 해제합니다.

4. 안드로이드 스튜디오를 시작합니다. 그리고 〈Import project〉 메뉴를 클릭합니다.

5. 살펴볼 예제 폴더를 선택하고 〈OK〉 버튼을 클릭합니다.

차례

1장 코틀린 시작하기

2장 빠르게 살펴보는 코틀린 문법

3장 국가 정보 소개하는 애플리케이션 만들기

4장 사용자 등록 애플리케이션 만들기

5장 일기예보 애플리케이션 만들기

코틀린 시작하기

01

구글은 안드로이드 공식 개발 언어로 코틀린을 추가했다고 구글 I/O 2017 키노트에서 밝혔습니다. 이 책은 자바와 비교하여 예제를 통해 코틀린을 빠르게 익혀 간단한 앱들을 제작해 보는 것을 목표로 합니다.

이 장에서는 먼저, 코틀린에 관해 알아두면 좋을 기본적인 내용과 함께 코틀린의 필요성을 살펴봅니다. 이어서 코틀린 언어를 사용할 수 있도록 개발 환경을 구축하는 방법을 알아볼 텐데요, 여기서 안드로이드 개발 환경을 구축하는 방법에 대해서는 따로 싣지 않았습니다. 안드로이드 개발 환경에 대해 궁금한 독자는 안드로이드 개발 사이트를 참고하여 구축하기를 권합니다. 자, 이제 '코틀린'의 첫 장을 넘겨 볼까요?

1.1 코틀린의 탄생

안드로이드 스튜디오를 개발한 젯브레인에서 JVM에서 구동될 수 있는 새로운 언어 코틀린을 출시했습니다 이 장에서는 먼저, 코틀린에 관해 알아두면 좋을 기본적인 내용과 함께 코틀린의 필요성을 살펴보겠습니다.

1.1.1 안드로이드의 대안 언어로 부상한 코틀린

안드로이드에 대해서 배우기 시작하면 인텔리J, 젯브레인, 안드로이드 스튜디오와 같은 단어들을 많이 듣게 되는데요, 이 단어들은 '젯브레인JetBrains'으로 축약할 수 있습니다.

젯브레인은 IDEIntegrated Development Environment : 통합 개발 환경 소프트웨어를 만드는 회사로 여기서 만든 통합 개발 환경 소프트웨어가 인텔리JInteliJ입니다.

초기 안드로이드 개발에 많이 사용하던 개발 소프웨어는 이클립스Eclipse였는데요, 이클립스는 안드로이드 개발 툴이 업데이트되면 개발자가 플러그인을 찾아서 일일이 업데이트 해줘야 할 뿐 아니라, 플러그인 사이에 호환도 안 되는 등 어려움이 많았습니다. 하지만 인텔리J에서는 gradle이라는 빌드 시스템을 접목하여 gradle 파일에 필요한 플러그인을 적어 주면 자동으로 받아 빌드해 주는 환경을 제공했습니다. 개발자가 사용하기에는 편리하지만 인텔리J는 유료로 제공되는 서비스라 접근 장벽이 있던 것이 사실입니다. 인텔리J에서 안드로이드 개발에 필요한 부분만 따로 개발하여 안드로이드 스튜디오AndroidStudio를 만들고 구글에서 이 안드로이드 스튜디오를 공식 안드로이드 개발 툴로 지정함에 따라 개발자들은 자연스럽게 안드로이드 스튜디오로 넘어오게 되었습니다.

안드로이드 스튜디오를 개발한 젯브레인에서, 이번에는 JVMJava Virtual Machine에서 구동되는 새로운 언어 코틀린Kotlin을 출시했습니다. 현재 코틀린이 지원하는 범위는 자바스크립트와 자바입니다.

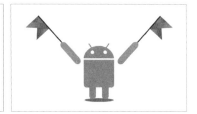

[그림 1-1] 안드로이드와 코틀린의 만남

2017년에 열린 개발자를 위한 컨퍼런스인 구글 I/0에서 코틀린을 안드로이드 개발 언어로 지정했습니다. 코틀린은 현재는 자바스크립트와 안드로이드 개발을 지원하고 있지만 다른 플랫폼에서도 사용할 수 있도록 Kotlin/Native 언어도 현재 개발 중입니다. Kotlin/Native가 지원하는 범위는 MacOs, x86 리눅스와 Apple iOS(arm 64) 그리고 라즈베리파이입니다. 크로스 플랫폼 지원으로 소스코드를 재사용할 수 있다는 측면에서 매우 반가운 소식이지만, 현재 개발로서는 아주 초기 단계이며 Kotline/Native 언어를 실제로 접하기까지는 상당한 시간이 걸릴 것으로 보입니다.

여전히 코틀린의 크로스 플랫폼 자원에 대해서는 우려를 지울 수 없습니다. 크로스 플랫폼 언어 중 C#을 베이스로 하는 Xamarin이라는 언어가 있습니다. 크로스 플랫폼 언어라는 말에서도 알 수 있듯이 Xamarin 언어를 통해서 애플리케이션을 만들게 되면 하나의 소스를 이용하여 안드로이드와 iOS 두 플랫폼에서 구동이 가능합니다. 하지만 Xamarin은 안드로이드에서 사용하는 UX와 iOS에서 사용하는 UX에 대한 처리를 각 플랫폼에 맞도록 각각 만들어 주어야 하는 불편함이 있습니다. 물론 내부 로직에 대한 루틴은 재사용이 가능합니다. 공통 루틴에 대한 코드 재사용성도 커다란 장점이긴 하지만 UX와 긴밀하게 연동되어 동작하는 애플리케이션에서는 Xamarin이 큰 이득이 되시는 못합니다. 현존하는 크로스 플랫폼 지원 언어들이 많은 인기를 누리지 못하는 이유도 여기에 있다고 봅니다. 젯브레인에서는 플랫폼 특성들을 적절히 잘 녹인 언어를 만들 수 있을지 기대가 됩니다.

1.2 왜 코틀린일까?

구글이 코틀린을 안드로이드 개발 언어로 지정한 이유는 무엇일까요? 오라클과 자바 관련 소송 때문이라고 이야기하는 사람도 있는데요, 자바와 비교하면 코틀린이 갖는 언어의 유연성과 편리함 때문이 아닐까 생각합니다. 여기서는 코틀린의 장점에 비추어 이 시점에 왜 코틀린을 알아두면 좋은지 살펴보겠습니다.

필자는 자바로 코딩했을 때 이유 없이 길어지는 자바 코드 때문에 불편을 겪은 개인적인 경험이 있습니다. 코틀린으로 개발하면서 가장 좋았던 점은 변수의 null을 물음표 기호로 체크할 수 있다는 것이었는데요, 이 밖에도 장점이 다양합니다. 지금부터 자바와 비교했을 때 코틀린이 갖는 장점이 무엇인지 간략하게 알아보겠습니다.

① 적은 양의 코드로 많은 것을 표현할 수 있다

개발자들은 보통, 간결하게 한눈에 들어오는 코드를 선호합니다. 하지만 자바에서는 반복으로 코딩해야 하는 부분이 많습니다. 코틀린은 이렇게 반복하여 들어가는 코드를 내부적으로 처리하여 간단하게 코드를 구성할 수 있도록 해줍니다. 간단한 예시를 통해서 이해해보도록 하죠.

사람의 이름과 나이를 저장하는 Person 클래스를 만든다고 가정해볼까요? 자바에서는 다음과 같이 클래스를 만드는 것이 보통입니다.

Person 클래스

```java
public class Person {
    private String name;
    private int age;

    public String getName() {
        return name;
    }

    public void setName(String name) {
        this.name = name;
    }

    public int getAge() {
        return age;
    }

    public void setAge(int age) {
        this.age = age;
    }
}
```

이 클래스를 코틀린에서 표현하면 다음과 같습니다.

Person 클래스

```kotlin
data class Person(var name:String, var age:Int)
```

코틀린에는 C의 structure와 같이 데이터를 위한 클래스 키워드가 따로 존재합니다. 이 키워드를 사용하여 클래스를 선언하게 되면 코틀린 내부적으로 set()/get()이 만들어집니다.

② null point exception에 안전하다

변수를 선언할 때 null이 될 가능성이 있는 변수임을 선언해주도록 하여 컴파일 타임에 변수에 대한 null 처리를 하도록 경고합니다. 그러므로 프로그램이 null point exception으로부터 안전합니다. 다음 예제를 볼까요?

```
var newOne:Person? = null
var registered:Person? = null

if(newOne.equals(registered))
{
    //
}
```

위의 예제를 실행하게 되면 다음과 같은 에러가 발생합니다. 아직 코틀린 환경이 구축되지 않아 코드를 직접 실행할 수 없을 텐데요, 다음 절에서 코틀린 환경을 구축하면 다음 결과를 꼭 확인해보세요.

코틀린 null이 될 가능성을 알려주는 코틀린

```
Error:(84, 18) Only safe (?.) or non-null asserted (!!.) calls are allowed on a
nullable receiver of type Person?
```

에러 내용을 보면 newOne 변수에 아무 값도 넣지 않으면 null point exception이 날 수 있으니 이를 알맞게 처리히라고 컴파일러에서 알려주고 있습니다. 프로그램 실행 없이도 개발 단계에서 오류 사항을 알 수 있으니 개발자 입장에서는 좀더 편하게 개발할 수 있습니다.

③ 함수형 언어의 중요한 장점들을 차용했다

코틀린은 기본적으로 객체 지향 언어Object-Oriented Language이지만 함수형 언어Functional Language의 장점들을 차용했습니다. 그 중에 하나가 람다Lamda인데요, 람다를 통해서 좀더 편하고 쉽게 프로그램을 작성할 수 있습니다. 가령, 안드로이드에서 버튼을 클릭하면 동작하는 함수인 onClick 함수를 선언할 때 반복적으로 써줘야 했던 함수 선언부를 생략할 수 있습니다. 자바에서 onClickListener 클래스를 설정하는 코드와 코틀린에서 onClickListener 클래스를 설정하는 코드를 살펴보면 생략된 부분을 쉽게 파악할 수 있습니다.

click listener 설정

```java
Button btn = new Button(this);
btn.setOnClickListener(new View.OnClickListener(){
    public void onClick(View view)
    {

    }
});
```

click listener 설정

```kotlin
val button = Button(this)
button.setOnClickListener {

}
```

④ 상속 받지 않고도 클래스 확장이 가능하다

기존의 클래스를 extend 받아 새로운 클래스를 만들지 않고 프로그램 안에서 확장하여 필요한 함수를 추가하여 구현할 수 있습니다.

안드로이드에서 제공하는 기존의 ImageView에서 URL을 받아 화면에 해당 URL의 이미지가 보이도록 설정하는 loadUrl 함수를 만든다고 가정해 보겠습니다. 기존 자바에서 구현하는 방법은 custom 클래스를 만들고 ImageView를 상속 받아 loadUrl 함수를 구현했습니다.

하지만 코틀린에서는 필요한 클래스에서 함수를 선언해서 사용할 수 있습니다. 이 함수는 한번 선언해 두면 어떤 클래스에서나 불러서 사용할 수 있습니다.

```kotlin
fun ImageView.loadUrl(url:String)
{
    Picasso.with(context).load(url).into(this)
}
```

⑤ 기본 자바 코드들과 호환이 가능하다

현재 자바로 프로젝트를 진행하고 있더라도 다음 예제와 같이 코틀린 코드와 호환하여 사용할 수 있습니다. 코틀린 클래스에는 코틀린 로고 █가 있어 자바 파일과 구별할 수 있습니다.

[그림 1-2] 코틀린 클래스와 자바 클래스

반대로 코틀린으로 프로젝트를 진행하더라도 자바 프로그램이나 라이브러리들을 프로그램 안에서 사용할 수 있는데요, 코틀린이 JVM에서 실행되도록 컴파일되기 때문입니다.

간단하게나마 코틀린의 장점에 대해서 알아보았는데요, 이제는 코틀린을 본격적으로 사용해보기 위해 코틀린 개발 환경을 구성해 보겠습니다.

1.3 코틀린 개발 환경 구축하기

코틀린은 플러그인 형태로 지원하기 때문에 안드로이드 개발 환경이 구축되어 있다면 클릭 몇 번으로 간단하게 코틀린 언어를 사용할 수 있습니다. 기본적으로 안드로이드가 설치되어 있다고 가정하고 안드로이드 스튜디오를 기준으로, 코틀린 환경 구축에 대해서 알아보겠습니다.

1단계 - 새 프로젝트 생성하기

안드로이드 스튜디오의 메뉴에서 [File]-[New Project]-[Empty Activity]를 만들면 기본적으로 'Hello World'를 출력하는 다음과 같은 자바 파일이 생성됩니다.

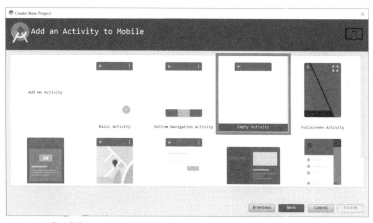

[그림 1-3] [File]-[New Project]-[Empty Activity]로 Activity 생성하기

안드로이드 스튜디오 및 안드로이드 개발에 필요한 환경에 대한 자세한 설명은 안드로이드 개발자 사이트(http://developer.android.com/intl/ko/sdk/index.html)에서 참조하여 구성하시면 됩니다. 안드로이드 3.0을 내려 받은 사람이면 따로 코틀린 플러그인을 받지 않아도 무방한데요, 2017년에 열린 구글 I/O에서 안드로이드 스튜디오 3.0에는 코틀린이 탑재되어 릴리즈된다고 밝혔습니다.

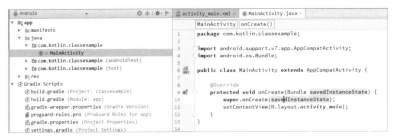

[그림 1-4] 생성된 자바 파일

> 일부 독자 중 이클립스를 사용하는 개발자들은 안드로이드 스튜디오에서만 코틀린을 지원하는 것은
> 아닌지 걱정하는 개발자도 있을텐데요, 젯브레인은 이클립스에서도 코틀린을 사용할 수 있도록 이클
> 립스를 위한 플러그인도 함께 출시하고 있습니다.

2단계 – 코틀린 플러그인 설치하기

메뉴의 [File]-[Settings]를 선택하면(Window 개발자), 다음과 같은 안드로이드 스튜
디오 셋팅에 관련된 옵션들이 나옵니다. 거기서 [Plugins]을 클릭하고 〈Install
JetBrains plugin〉 버튼을 누릅니다. 그리고 'kotlin'을 검색하여 설치하면 됩니다.

[그림 1-5] [File]-[Settings]-[Plugin]

Mac 개발자는 메뉴에서 [AndroidStudio]-[Preferences]를 선택하세요.

[그림 1-6] 'kotlin'을 검색하여 설치하기

코틀린 플러그인을 설치했다면, 이를 적용하기 위해 안드로이드 스튜디오를 다시 시작해야 합니다. 그러면 안드로이드 스튜디오가 알아서 변경사항을 적용해 주는데요, 다시 시작했는데 gradle 싱크에 시간이 걸린다면 다시 안드로이드 스튜디오를 종료했다가 다시 시작해보세요.

3단계 - 자바 파일을 코틀린 파일로 변경하기

[Code]-[Convert java file to Kotlin file] 메뉴를 클릭합니다. 그러면 안드로이드가 자바 코드를 자동으로 코틀린 코드로 변환해줍니다.

[그림 1-7] [Code]-[Convert Java File to Kotlin File]

이미 있는 프로젝트를 코틀린 코드로 변경하려고 할 때, 모든 파일을 선택해서 변경할 경우 원하지 않는 코드가 생성될 수 있으니 'Convert Java File to Kotlin File'을 적용할 때는 신중하게 선택해야 합니다.

4 단계 - gradle 빌드 환경 적용하기

현재 환경을 코틀린 빌드 환경으로 변경하려면 gradle 파일을 수정해야 합니다. 이 과정을 직접 할 수도 있지만 안드로이드 스튜디오에는 [Find Action] 메뉴를 통해서 간단하게 gradle 파일도 수정이 가능합니다. [Find Action]은 필요한 명령을 찾을 수 있도록 도와주는 메뉴입니다.

[Help]-[Find Action] 메뉴를 클릭한 후, 'Configure Kotlin in Project'를 검색하여 선택합니다.

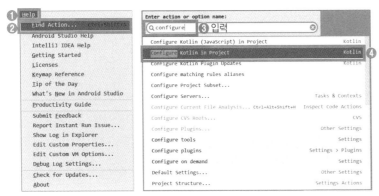

[그림 1-8] Find Action에서 'Configure Kotlin in Project' 검색하기

혹은 다음과 같이 [Tools]-[Kotlin]-[Configure Kotlin in Project] 메뉴를 클릭해도 됩니다.

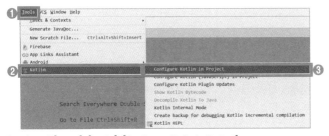

[그림 1-9] [Tools]-[Kotlin]-[Configure Kotlin in Project]

[Configure Kotlin in Project]를 클릭하면 gradle 파일에 적용할 건지 아니면 [Anroid with Gradle]에 적용할 건지 묻는 창이 뜹니다. 우리는 안드로이드 소스에 대한 설정을 진행하고 있으므로 [Android with Gradle] 메뉴를 선택합니다.

[그림 1-10] Android with Gradle 메뉴 선택하기

코틀린 범위를 설정하는 아래와 같은 팝업이 나오면 [All modules]를 선택하고, 버전
은 최신 버전인 '1.1.2-4'를 선택하세요.

[그림 1-11] 코틀린 설정 범위를 정하는 다이얼로그

범위 설정에서 'All modules'를 적용할 경우 gradle 파일 중 Project gradle에 코틀린
설정 부분이 들어가게 되고 'Single modules'를 선택하게 되면 app gradle 파일에 코
틀린 설정이 들어가게 됩니다. 이렇듯 모든 프로젝트에 걸쳐서 적용하고 싶으면 All
module로, app 폴더나 다른 특정 모듈에 적용하고 싶다면 single module로 설정하
면 됩니다. 프로젝트의 범위에 따라서 적용 범위를 선택하도록 하세요.

?! 궁금해요

Configuration으로 gradle 파일을 수정했는데 계속 컴파일 에러가 나요!

Configuration을 통해서 gradle 파일을 수정했지만 컴파일 에러가 난다면 아래 내용을 참고하여 자
신의 gradle 파일을 수정해보세요.

프로젝트를 만들게 되면 2개의 gradle 파일이 만들어집니다. 하나는 전체 프로젝트를 위한 전반적인
설정을 위한 project gradle 파일이고 다른 하나는 각 모듈에 대한 설정을 위한 app gradle 파일인
데요, 두 파일 모두 참고해서 수정합니다(파일 이름은 build.gradle이지만 폴더 위치가 달라 project
gradle과 app gradle 파일로 나눠서 부르고 있습니다).

색으로 된 글자가 추가된 부분입니다. plugin에 코틀린이 추가되어 있는지 dependency에 코틀린이
되어 있는지를 살펴보고, 코틀린 버전을 정확하게 넣어줍니다.

[Project gradle file]

```
buildscript {
    ext.kotlin_version = '1.1.2-4'
    repositories {
        jcenter()
    }
    dependencies {
        classpath 'com.android.tools.build:gradle:2.3.2'
        classpath "org.jetbrains.kotlin:kotlin-gradle-plugin:$kotlin_version"
    }
}
```

```
allprojects {
    repositories {
        jcenter()
    }
}

task clean(type: Delete) {
    delete rootProject.buildDir
}

[app gradle file]
apply plugin: 'com.android.application'
apply plugin: 'kotlin-android'

android {
    compileSdkVersion 25
    buildToolsVersion "25.0.2"
    defaultConfig {
....
    }
    buildTypes {
        release {
            minifyEnabled false
            proguardFiles getDefaultProguardFile('proguard-android.txt'),
'proguard-rules.pro'
        }
    }
}

dependencies {
    compile fileTree(dir: 'libs', include: ['*.jar'])
    androidTestCompile('com.android.support.test.espresso:espresso-
core:2.2.2', {
        exclude group: 'com.android.support', module: 'support-annotations'
    })
    compile 'com.android.support:appcompat-v7:25.3.1'
    testCompile 'junit:junit:4.12'
    compile "org.jetbrains.kotlin:kotlin-stdlib-jre7:$kotlin_version"
}
repositories {
    mavenCentral()
}
```

이런 과정을 통해서 변경된 Hello World를 출력하는 코틀린 코드입니다.

코틀린 Hello World를 출력하는 코드

```
package com.kotlin.classexample

import android.app.Activity
import android.os.Bundle
import android.view.Menu
import android.view.MenuItem

class MainActivity : Activity() {
    override fun onCreate(savedInstanceState: Bundle?) {
        super.onCreate(savedInstanceState)
        setContentView(R.layout.activity_main)
    }
}
```

코틀린 코드로 변경하고 난 다음의 프로젝트 트리는 다음과 같습니다.

[그림 1-12] 프로젝트 소스트리 구조

클래스 선언부를 보면 콜론(기호 :)이 추가되었고 상속받은 Activity 클래스 다음에 괄호도 추가된 것이 보입니다. 그리고 'savedInstanceState: Bundle?' 에서처럼 물음표도 들어갔습니다. 다음 장에서는 이런 새로운 기호들이 어떤 동작을 하는지, 코틀린 문법은 어떠한지 자세하게 살펴보겠습니다.

정리하며

지금까지 코틀린의 장점에 대해서 간략하게 살펴보고 개발 환경을 설정하는 방법에 대해서도 알아보았습니다. 플러그인을 통해서 간단하게 개발 환경을 구축하는 것은 새로운 언어를 습득하는 데 큰 장점 중 하나입니다. 또한 [convert Java File to Kotlin File] 메뉴를 이용하여 이미 생성한 자바 파일을 코틀린 파일로 간편하게 할 수 있는 기능도 코틀린 개발로 옮겨 오는데 큰 역할을 할 것으로 보입니다. 또한 구글에서 코틀린을 공식 언어로 채택한 이유도 한 번쯤 생각해볼 만한데요, 다음 장에서는 본격적으로 코틀린의 문법에 대해서 살펴보고 자바와 비교하여 편리한 점과 무엇이 달라졌는지 자세히 공부해보겠습니다.

1. 자바와 비교하여 코틀린이 갖는 5개의 장점에 대해 설명해보세요.

2. 자바 코드를 코틀린 코드로 변환하는 메뉴는 무엇인지 설명해보세요.

3. 자바 프로젝트를 코틀린으로 설정하고 아래와 같이 "Hello Kotlin"을 출력하는 프로그램을 만들어보세요. 제대로 환경을 설정했고, 자바 코드를 코틀린 코드로 변경할 수 있다면 간단하게 만들 수 있을 거예요!

빠르게 살펴보는
코틀린 문법

02

코틀린은 자바에서 사용하던 문법에서 좀더 편하고 간결하게 바뀐 부분도 있지만 자바에 존재하지 않았던 새로운 개념들도 있어 코드만 보기엔 난해한 부분이 있습니다. 그래서 이번 장에서는 자바와 비교해서 간편해진 코틀린 부분 위주로 소개하려고 합니다. 또한 새롭게 도입된 개념에 대해서는 개념 설명과 어떻게 사용할 수 있는지 알아보겠습니다.

2.1 클래스

코틀린은 자바에 뿌리를 두고 있어 자바와 같은 점이 많습니다. 코틀린에서도 클래스를 선언할 때 class라는 키워드를 사용하며, 자바에서의 interfaec 클래스나, enum 클래스도 모두 갖고 있습니다. 자바에는 없지만 data와 같은 유용한 클래스가 추가되기도 했습니다. 코틀린 클래스는 자바와 어떻게 다른지 자세하게 살펴보겠습니다.

2.1.1 코틀린 클래스 생성하기

우선 코틀린에서 클래스는 어떻게 생성하는지 알아보겠습니다. 안드로이드 스튜디오에서 자바 파일을 생성하던 방법과 크게 다르지 않는데요, 안드로이드 스튜디오의 메뉴에서 [File]-[New]-[Kotlin File/Class]에서 [Class]를 선택하여 만들면 됩니다. [New]에서 Kotlin class 뿐만 아니라 Kotlin Activity도 만들 수 있습니다.

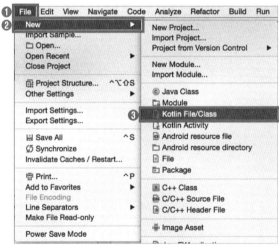

[그림 2-1] 코틀린 클래스 파일을 만드는 메뉴

Person이라는 코틀린 클래스를 하나 생성합니다. 클래스를 만들고 나면 Person.kt라는 파일이 생기는데요, 코틀린 파일은 이렇게 'kt'라는 파일 확장자를 갖습니다.

클래스를 만들게 되면 생성자도 멤버 변수도 없는 빈 클래스가 하나 생성됩니다. 이제부터 생성된 Person 클래스를 구성하기 위한 생성자와 클래스를 구성하는 방법에 대해 알아보겠습니다.

2.1.2 생성자 constructor 키워드

클래스를 생성하면 제일 먼저 선언하게 되는 생성자에 대해서 살펴봅니다.

앞에서 생성한 Person 클래스를 이름과 나이 인자를 받는 클래스로 만든다고 가정해볼까요?

자바는 이름과 나이 인자를 받는 생성자를 클래스 내부에 선언해줍니다.

자바 Person 클래스 선언

```
public class Person
{
    Person(String name, int age)
    {

    }
}
```

코틀린은 자바와 달리, 클래스 내부에 생성자를 만들지 않고 클래스 선언부에서 constructor 키워드를 사용하여 생성자를 만들어줍니다.

코틀린 Person 클래스 선언

```
class Person constructor(name:String, age:Int)
{
}
```

이렇게 클래스 선언부에 선언하는 생성자가 기본 생성자가 됩니다. 일반적으로 코틀린은 클래스 선언부에 생성자를 사용할 때는 constructor 키워드를 사용하지 않는데요, 아래와 같은 코드로 기본 생성자를 선언할 수 있습니다.

코틀린 **name, age를 인자로 받는 클래스**

```
class Person(name:String, age:Int)
{
}
```

이쯤되면 생성자를 여러 개 선언해야 하는 경우 어떻게 해야 하는지 의문이 생깁니다. 이렇게 여러 개의 생성자가 필요할 때는 클래스 내부에 constructor 키워드를 사용하여 두 번째, 세 번째 생성자를 만들 수 있는데요, 다음 코드를 살펴볼까요?

코틀린 **두 번째 생성자를 선언한 Person 클래스**

```
class Person()
{
    // 기본 생성자의 인자가 없는 경우
    constructor(name:String, age:Int):this()
}

class Person(name:String)
{
    // 기본 생성자의 인자가 있는 경우
    constructor(name:String, age:Int):this(name)
}
```

코드를 살펴보면 두 번째 생성자의 코드 마지막 부분에 this()라는 함수를 불러주는 문법이 추가되었습니다. 코틀린에서는 기본 생성자 외의 생성자는 this(기본 생성자의 인자)라는 함수를 꼭 호출해주어야 합니다. this()는 기본 생성자의 속성을 상속 받아 처리되는 형식이라고 생각하면 됩니다. 기본 생성자가 인자값을 받지 않을 때는 단순히 this()를 불러주면 되고, 기본 생성자에 인자값을 넣었다면 this(인자값)으로 불러 줍니다.

여기서 this()는 함수로 자바에서 사용하던 멤버 변수를 참조할 때 사용하던 this와는 다릅니다. 그리고 자바에서 사용하던 this 키워드는 코틀린에도 똑같이 존재하는데 자바와 동일하게 멤버 변수를 참고할 때 사용합니다.

아래 코드는 앞의 **코틀린** 두 번째 생성자를 선언한 Person 클래스 코드에서 Person(String) 클래스를 MainActivity에서 선언하는 코드를 보여주는 예제입니다.

코틀린 Person 클래스를 사용하는 예제

```
class MainActivity: Activity() {
    override fun onCreate(savedInstances:Bundle) {
        var person:Person = Person("Peter")
        var youth:Person = Person("Bill", 13)
    }
}
```

MainActivity에서 Person 클래스를 생성하는 방법을 보면 클래스를 선언할 때 자바에서 사용했던 new 키워드가 보이지 않는데요, 이처럼 코틀린은 클래스를 생성할때 new 키워드를 사용하지 않습니다. 그리고 onCreate() 앞에 fun이라는 키워드가 붙어 있는 것이 보일 것입니다. 이는 코틀린에서 함수를 선언할 때 쓰는 키워드인데요, 자세한 내용은 뒤에서 설명하겠습니다. 변수 선언 앞에 var라는 키워드도 생소할 텐데요, 이 키워드도 코틀린에 추가된 키워드입니다. 이 내용도 뒤에서 자세히 배워보죠.

2.1.3 생성자 기본값 설정하기

코틀린에서는 생성자에 기본값을 적용할 수 있습니다. 기본값을 적용해 두면 클래스를 생성할 때 불필요한 인자값에 대해 설정하지 않아도 기본값이 적용되기 때문에 클래스를 유연하게 사용할 수 있습니다. 기본값을 적용하기 위해서 Person 클래스를 좀더 수정해보겠습니다.

생성자의 첫 번째 인자(name)를 설정하지 않았을 때는 "No Name"으로 하고 두 번째 인자(age)는 0으로 기본값을 주는 코틀린 코드는 다음과 같은데요, 자바 코드와 비교해서 살펴보겠습니다.

```kotlin
class Person (name:String ="No Name", age:Int=0)
{
}
```

```java
public class Person
{
    private String name = "No Name";
    private int age = 0;

    Person(String name, int age)
    {

    }
}
```

자바 코드와 비교해 보면 코드 길이가 많이 짧아지고 한눈에 클래스의 의도가 무엇인
지 금방 알 수 있습니다.

?! 궁금해요

코틀린 생성자 기본값의 범위에 대해 알려주세요!

Person에서 값을 넘겨서 사용할 수 있는 경우는 다음과 같이 네 가지로 꼽을 수 있습니다. 다음 중
에서 한 가지는 에러가 난다면, 어떤 경우일까요?

```
var defaultPerson:Person = Person()
var namePerson:Person = Person("jame")
var person:Person = Person("mike", 23)
var agePerson:Person = Person(45)
```

답은 네 번째 var agePerson:Person = Person(45)입니다. 코틀린에서는 모든 경우에 대해서 인자
값을 자동으로 맵핑하여 대입해주지는 않습니다. 필자는 String, Int 인자의 타입이 다르니 알아서 기
본값을 대입해서 컴파일해주지 않을까 생각했지만 코틀린에서는 처음 인자의 값이 String이어야 된
다는 에러가 발생했습니다. 처음 인자값을 생략하고 두 번째 인자값을 넣는 경우는 기본 인자값이
통하지 않습니다. 알아두세요~

2.1.4 코틀린은 생성자 함수 바디를 가질 수 없을까?

코딩하다보면 생성자에서 받는 인자값을 초기화한다든지 아니면 클래스에서 사용될 변수에 값을 대입하는 등 여러 경우를 위해서 생성자의 함수 바디가 필요할 때가 있습니다. 하지만 코틀린에서는 기본 생성자가 클래스의 선언부와 함께 설정되므로 함수 바디를 가질 수 있는 구조를 만드는 일은 불가능해 보일지도 모릅니다. 이럴 경우를 위해서 코틀린은 init{} 함수를 따로 사용하여 인자값을 처리할 수 있습니다. 코드를 살펴볼까요?

코틀린 기본 생성자의 init 함수를 사용하는 코드

```
class Person (var name:String? , var age:Int=0)
{
    init
    {
        if(name.isNullOrBlank()) name = "No Name"
    }
}
```

코드에서 기호 '?'가 보이시나요? 이는 변수가 null인지 판단하는 기호라고 1장에서 잠깐 설명했는데요, 우선은 이 정도만 알고 있도록 합니다. 자세한 내용은 "타입 체크와 비교 연산"에서 소개하겠습니다.

2.1.5 코틀린 변수 키워드 var과 val

예제 코드에서 살펴보면 var, val이 자주 눈에 띄는 것을 알 수 있습니다. 코틀린에는 변수를 선언할 때 무조건 var, val이라는 두 키워드 중 하나를 사용해야 하기 때문입니다.

var는 수정이 가능한 변수를 의미합니다. 변경이 가능한 변수 타입으로 선언되므로 변수에서 값이 수시로 바뀌는 부분에 한해서 사용하는 것이 좋습니다. var의 경우는 항상 변수형을 선언해주어야 합니다.

val은 자바의 final과 같이 수정이 불가능한 변수를 의미합니다. val로 선언된 변수는 변수 타입을 쓰지 않아도 코틀린에서 변수에 어떤 인자가 대입되는지에 따라 자동으로

변수 타입을 정하는 스마트 타입 캐스팅으로 인해서 타입이 정해집니다. 하지만 프로그래밍을 하면서 정확한 타입을 선언하고 싶다면 타입 이름을 써주어도 무방합니다.

코틀린에서는 값을 바꾸지 않는 변수라면 val 키워드를 가능한한 많이 사용하길 권장하고 있습니다. val로 선언된 변수는 값이 변경되지 않으므로 개발자가 의도치 않게 변수 값을 바꾸게 되는 상황을 피할 수 있어 프로그램을 좀더 안정적으로 만들 수 있기 때문입니다. 그리고 코틀린에서는 함수의 인자들은 var, val을 선언해주지 않는다면 기본적으로 val로 인식이 되어 변경할 수 없도록 하였습니다.

```
class Person constructor(name:String? , var age:Int=0)
{
    init
    {
        if(name.isNullOrBlank()) name = "No Name"
        age =+1
                        Val cannot be reassigned
    }
}
```

[그림 2-2] 기본 생성자에서 인자는 기본으로 val로 선언하기

[그림 2-2]에서 선언했던 클래스를 살펴보면 생성자로 받은 인자 name 앞에는 키워드가 없지만 age 앞에는 var이라는 키워드가 붙은 게 보일 깃입니다. 이처럼 변수 앞에 var이라고 명시적으로 선언해주지 않으면, 기본적으로 val로 선언되기 때문에 name 변수에 "No Name"을 대입하려고 하자 "val cannot be reassigned"라는 에러가 발생합니다. 함수에서 인자로 받은 변수를 var형으로 선언할 수 있지만 val로 선언해서 쓰는것이 안전합니다. 만약 받은 인자를 변경하고 싶다면 변수를 복사해서 return형으로 돌려주는 것이 좋습니다.

2.1.6 접근 제한자

코틀린에도 변수의 접근에 대한 제한을 두는 제한자Visibility Modifiers가 존재합니다. 하지만 그 종류가 자바와 좀 다른데요, 코틀린에서 사용하는 접근 제한자는 private, protected, internal, public 이렇게 4개입니다. private, protected, public은 자바에도 있는 접근 제한자이고 그 쓰임도 자바와 같습니다.

그러면, 자바에서 보지 못한 internal 접근 제한자에 대해서 알아볼까요? internal은 클래스나 변수는 같은 모듈에 한해서 접근이 가능하도록 해주는 인자입니다. 코틀린에

서 사용하는 모듈은 자바에서 이야기하는 모듈과는 차이가 있는데요, 자바에서 모듈은 기능이 비슷한 클래스들의 집합체를, 코틀린에서는 동일한 컴파일의 집단을 의미합니다. 예를 들면 코틀린에서 사용하는 모듈의 범위는 인텔리J로 컴파일되는 모듈이나 maven, gradle에 묶어서 같이 컴파일되는 파일 전체를 의미하죠. 다양한 접근 제한자 변수를 가진 OuterClass 예제를 살펴보겠습니다.

코틀린 OuterClass 클래스

```
package com.kotlin.myapplication

open class OuterClass
{
    private val a = 1;        // OuterClass 내부에서만 접근이 가능하다.
    protected val b = 2;      // 상속을 받은 클래스에서만 접근 가능하다.
    internal val c = 3;       // 같은 모듈 안에 클래스에서 접근 가능하다.
    val d = 4;                // 접근 제한자가 선언되어 있지 않으면 public으로 간주된다.
                              이 변수는 프로그램 어디서든 접근이 가능하다.
}
```

private로 선언한 a는 OuterClass 내부에서만 접근이 가능합니다. 그리고 protected 로 선언된 변수 b는 OuterClass와 OuterClass를 상속 받은 클래스에서 사용할 수 있습니다. 클래스 OuterClass 앞에 사용된 open 키워드는 상속이 가능하다는 의미로 코틀린에서 사용하는 키워드인데요, open 키워드에 대해서는 상속 파트에서 자세히 다루겠습니다. 참고로, 접근 제한자를 사용하지 않으면 코틀린에서는 public으로 간주하니 변수 접근에 제한을 두고 싶다면 꼭 접근 제한자를 사용하는 것을 잊지 마세요.

2.1.7 클래스의 멤버 변수 선언

클래스 내부에서 선언되는 멤버 변수에 접근을 위해서 자바에서는 변수를 private로 두고 get/set 함수를 만들어서 변수에 접근했습니다. 하지만 코틀린에서는 변수 선언 만으로 컴파일러가 자동으로 get/set 생성해주는데요, 컴파일러가 자동 생성해 주어 코드는 간결해지고 변수를 사용함에 있어서도 편리합니다. 변수를 사용할 때는 변수 이름을 바로 호출하여 사용할 수 있습니다. 자바 코드와 코틀린 코드를 비교해서 살펴 보겠습니다.

```java
public class Person
{
    private String name;
    public String getName()
    {
        return name;

    }
    public void setName(String name)
    {
        this.name = name;
    }
}
public class MainActivity extends Activity {

    @Override
    protected void onCreate(Bundle savedInstanceState) {
        super.onCreate(savedInstanceState);

        Person person = new Person();
        person.setName("Billy");
        String name = person.getName();
    }
}
```

```kotlin
class Person ()
{
    var name:String = ""
    var age:Int = 0
}

class MainActivity: Activity() {
    override fun onCreate(savedInstances:Bundle) {
        var person:Person = Person()
        person.name = "Mike"
        person.age = 20
    }
}
```

코틀린에서도 변수의 get/set 함수를 가질 수 있습니다. 자바와 같이 함수를 선언해서 해주는 방법도 있지만 코틀린에서 기본적으로 제공하는 get()/set()를 오버라이드하는 방법도 있습니다.

예제로 알아볼까요?

코틀린 get/set 함수를 오버라이드하는 코드

```
class Person ()
{
    var name:String = ""
    get()="Name : "+field

    var age:Int = 0
    set(age){ field =+1 }
}
```

name은 get()를, age에서는 set()를 오버라이드했습니다. 코드를 보면 기존에 보지 못했던 field라는 키워드를 볼 수 있는데요, get()/set()를 오버라이드해서 변수값을 변경하고 싶을 때는 변수 이름을 사용하는 것이 아니라 field라는 키워드를 이용해서 변수값에 접근해야 합니다.

변수를 선언할 때 접근 제한자가 get/set 함수의 접근 제한에도 동일하게 선언됩니다. 즉, 변수를 public으로 선언하게 되면 get/set도 똑같이 public이 선언됩니다.

그럼 변수값을 외부에서 볼 수는 있지만 셋팅을 못하게 하고 싶을 때는 어떻게 해야 할까요? 방법은 어렵지 않습니다. 선언한 변수 밑에 get/set에 대한 접근 제한자를 써서 선언해주면 됩니다. 다음 예제를 봅시다.

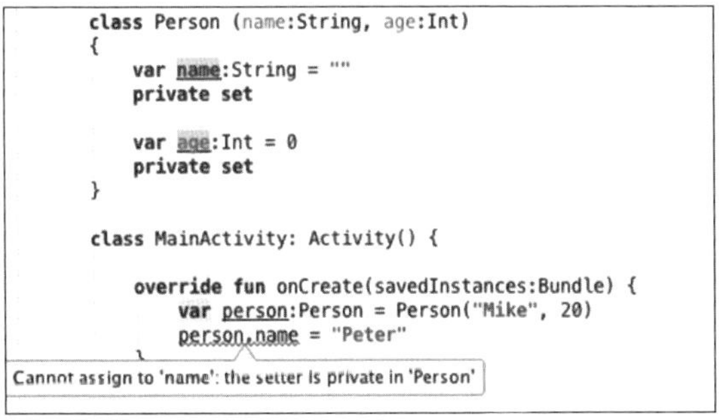
class Person (name:String, age:Int)
{
var name:String = ""
private set
var age:Int = 0
private set
}
class MainActivity: Activity() {
override fun onCreate(savedInstances:Bundle) {
var person:Person = Person("Mike", 20)
person.name = "Peter"
Cannot assign to 'name': the setter is private in 'Person'

[그림 2-3] set을 private로 두어 클래스 밖에서 값을 조작하지 못하도록 설정하기

클래스 Person은 멤버 변수가 2개입니다. name, age 멤버 변수는 set을 private로 선언했는데요, 이렇게 set()를 private로 선언하게 되면 외부에서 접근할 때 set 함수는 private으로 선언하여 변경할 수 없다는 에러가 발생합니다. 그리고 get()의 경우는 변수를 선언하는 접근 제한자와 같습니다. 위의 그림에서 보면 name, age 모두

public으로 선언되었으니(접근 제한자를 적어주지 않으면 기본적으로 public으로 선언된다고 했습니다) 외부에서 값을 가져올 때는 에러가 나지 않습니다.

2.1.8 상속

코틀린에서는 다른 클래스를 상속 받을 때 자바처럼 extends 같은 키워드를 사용하지 않고 콜론(기호 :)을 사용합니다. 그리고 부모 클래스는 open이나 abstract 키워드를 사용해야만 상속할 수 있습니다. 달리 말하면 open이나 abstract라고 선언되지 않으면 다른 클래스에서 상속을 받을 수가 없는데요, 일반적인 부모 클래스에 대해서는 open 키워드를 사용하고, 추상 클래스를 만들고 싶다면 abstract 키워드를 사용하면 됩니다. 그리고 코틀린에서는 자바의 Object와 비슷하게 기본적으로 Any라는 클래스를 상속을 받고 있지만 생략되어 있습니다.

Any 클래스에 대해서 좀더 이해하기 위해 어떻게 구현되어 있는지 살펴보겠습니다. Any 클래스는 상속이 가능하도록 open으로 설정되어 있고 기본적으로 equals(), hashCode(), toString() 함수가 있습니다.

코틀린 Any 클래스

```
public open class Any {
        public open operator fun equals(other: Any?): Boolean

        public open fun hashCode(): Int

        public open fun toString(): String
}
```

클래스에 함수들은 모두 바디가 없는 상태로 선언만 되어 있는 것을 볼 수 있습니다. 그래서 선언된 함수를 사용하기 위해서는 사용자가 custom하여 사용해야 합니다. 하지만 data 클래스에서 equal은 data 클래스에서 equal 함수 바디가 구현되어 있어 선언되어 있는 모든 변수들이 같은지 확인하는 용도로 사용할 수 있는데요, data 클래스는 뒤에서 설명하겠지만 클래스 중에 데이터만을 갖는 클래스를 말합니다.

다음 코드를 살펴볼까요? 부모 클래스 Figure 클래스가 open을 사용하여 상속이 가능하도록 선언해주어 Triangle 클래스에서 상속 받아 사용하고 있습니다.

코틀린 상속을 구현하는 코드

```
open class Figure(vertex:Int)
{

}

class Triangle() : Figure(3){
}
```

코틀린 함수에 open을 사용하는 예를 보면 함수에도 open 키워드가 사용되었습니다. 이렇게 자식 클래스에서 함수에 대해서 오버라이드를 허용하고자 할 때는 open 키워드를 사용해야 합니다.

코틀린 함수에 open을 사용하는 예

```
open class Figure(var vertex: Int)
{
    open fun onFinishDraw()
    {
    }
}
```

다음의 Figure 클래스를 보면 onFinishDraw()는 open이고 onDraw()는 final입니다. final은 open의 반대 개념으로 자식 클래스에서 오버라이드를 금지하는 키워드인데요, 그래서 Children 클래스의 onDraw 함수는 final이라 오버라이드할 수 없다는 에러가 발생합니다.

```
open class Figure(var vertex: Int)
{
    open fun onFinishDraw()
    {
    }

    final fun onDraw()
    {

    }
}

class Triangle : Figure{
    constructor():super(3)
    override fun onFinishDraw()
    {
        super.onFinishDraw()
    }

    override fun onDraw()
```
'onDraw' in 'Figure' is final and cannot be overridden

[그림 2-4] 부모 클래스에서 final 함수는 오버라이드를 할 수 없다

보통 final을 선언해주지 않아도 코틀린에서는 함수가 선언될 때는 final로 선언됩니다. 그러니 오버라이드를 허용하고 싶다면 반드시 open을 쓰는 것을 잊으면 안 됩니다.

부모 클래스의 생성자가 여러 개인 클래스를 상속 받는 자식 클래스의 생성자를 설계하는 방법을 알아볼까요? 좋은 예가 AlertDialog 클래스를 상속 받아서 CustomDialog를 사용하는 경우인데요, 디폴트 생성자가 없는 기본 CustomDialog를 만들려면 다음 그림과 같이 부모 클래스가 생성자를 가지고 있으니 초기화하라는 에러를 보게 됩니다.

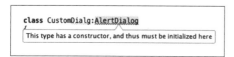

[그림 2-5] 자식 클래스는 부모 클래스의 생성자를 항상 초기화 해주어야 한다

이 에러를 해결하는 데는 두 가지 방법이 있습니다.

첫 번째는, CustomDialog의 디폴트 생성자를 만들어 받은 인자를 그대로 부모 클래스 AlertDialog에 넘겨주는 방법입니다.

코틀린 부모 클래스의 생성자가 여러 개일 때 처리 방법1

```
class CustomDialg(context:Context):AlertDialog(context)
{
}
```

다음은 CustomView의 디폴트 생성자를 사용하지 않고 두 번째 생성자를 만들어서 super를 불러주는 방법입니다.

코틀린 부모 클래스의 생성자가 여러 개일 때 처리 방법2

```
class CustomDialg: AlertDialog
{
    constructor(context:Context):super(context)
}
```

첫 번째 방법과 두 번째 방법 모두 가능합니다. 하지만 확장성이나 사용성 면에 있어서는 두 번째 방법이 훨씬 좋습니다. 가령 CustomDialog는 다이얼로그의 테마를 지정하면 그 테마를 적용하고, 테마를 지정하지 않은 경우 full screen을 사용하는 다이얼로그를 만든다고 가정해보겠습니다.

첫 번째 방법을 적용하면, 이미 부모 클래스의 디폴트 생성자가 정해져 달리 어떻게 할 방법이 없습니다. 그래서 아래 그림과 같은 에러가 발생합니다.

```
class CustomDialg(context:Context):AlertDialog(context)
{
    constructor(context:Context, themeId:Int):super(context, themeId)
}
                                    └──────────────────┘
                        Primary constructor call expected
```

[그림 2-6] 상속 시 부모 클래스의 생성자를 정하면 두 번째 생성자에서는 다른 타입을 사용할 수 없다

하지만 두 번째 방법은 다음과 같이 처리할 수 있습니다.

코틀린 디폴트 생성자를 사용하지 않고 처리한 경우

```
class CustomDialg:AlertDialog
{
    constructor(context:Context):super(context,
        android.R.style.Theme_NoTitleBar_Fullscreen)
    constructor(context:Context, themeId:Int):super(context, themeId)
}
```

생성자에서 this와 super를 쓰는 경우는 어떻게 다른가요?

앞에서 두 번째 생성자를 만들 때 this를 사용하라고 설명했는데 왜 갑자기 super를 사용하라는 것인지, 의문이 생기는 독자도 있을 겁니다. 알아차린 독자도 있겠지만 super를 쓰는 경우는 상속을 받아 클래스를 재구성할 때 상속 받은 부모 클래스의 초기화를 위해서 사용하는데요, 클래스를 만들 때는 자신의 클래스를 초기화하는 방법으로 this를 사용합니다.

2.1.9 interface 클래스

interface 클래스는 자바에서는 기본 틀을 만들어 주는 클래스로 내부에 함수 바디를 선언할 수도, 변수를 가질 수도 없었습니다(이 내용은 자바 7에 해당하는 내용입니다. 자바 8에서는 interface 클래스 내부에 함수 바디를 가질 수 있습니다). 하지만 코틀린에서는 interface 클래스 내부의 함수가 바디를 가질 수 있고 멤버 변수를 추상 변수로 만들어 사용할 수도 있으며, get()/set()을 통해서 값을 지정할 수도 있습니다. 이렇게 바디를 만들어 사용할 수 있으니 모든 클래스에서 공통으로 수행되는 부분을 interface 클래스에서 구현할 수 있습니다. 그래서 interface 클래스를 상속 받는 클래스에서 중복되는 코드를 생략할 수 있는데요, interface 클래스를 상속 받을 때 자바에서는 implement라는 키워드를 사용했지만 코틀린에서는 콜론(기호 :)으로 구현이 가능합니다. 자바처럼 부모 클래스에 따라서 자식 클래스에서 사용되는 키워드가 다르지 않고 모든 상속에 대해서 콜론을 사용함을 알 수 있습니다. 예제 코드를 살펴볼까요?

아래 코드는 interface 클래스에서 변수에 get()을 지정해 주지 않을 경우에 자식 클래스에서는 무조건 변수를 오버라이드해 주어야 함을 알 수 있습니다.

코틀린 interface에서 get을 지정해 주지 않는 경우 반드시 오버라이드 해주어야 한다

```kotlin
interface FinishDraw
{
    var distance:Int
    open fun onFinishDraw()
}

open class Figure(var vertex: Int):FinishDraw
{
```

```
    override var distance: Int
        get() = vertex
        set(value) {
        }

    override fun onFinishDraw() {
    }

}
```

interface 클래스에서 대해서 좀더 복잡하게 구현되는 경우도 살펴보겠습니다.

두 클래스, 즉 class A, class B를 상속 받는 자식 클래스 C를 생각해봅니다. 예제 코드를 보면 A, B 클래스에서 fun f()가 중복됨을 알 수 있습니다. 만약, 자식 클래스에서 f()를 구현한다면 어떻게 될까요?

코틀린 상속 클래스 중 중복 함수가 있는 클래스 예제

```
open class A {
  open fun f() { }
  fun a(){}
}

interface B {
  fun f() { }
  fun b() { }
}
```

이렇게 함수명이 같은 클래스를 상속 받아 함수를 오버라이드할 때는 부모 클래스 이름을 명시적으로 적어주어야 합니다. 아래 코드를 보면 class C에서는 class A, class B에 있는 f 함수를 둘다 호출하여 사용한 것을 알 수 있습니다. 하지만 둘 중에 필요한 super만 불러노 상관은 없습니다.

코틀린 상속에서 중복 함수에 대해서는 필요한 부모 클래스를 선언하여 사용한다

```
class C : A(), B
{
    override fun f() {
        super<A>.f()
        super<B>.f()
    }
}
```

2.1.10 그 밖의 클래스 타입

data 클래스

클래스 중에 데이터만을 갖는 클래스입니다. data 클래스를 생성할 때는 반드시 디폴트 생성자를 선언해주어야 하며, 인자는 var, val 키워드를 꼭 사용해야 합니다. data 키워드로 클래스 생성하게 되면 컴파일러에서는 자동으로 equals(), toString()를 자동으로 생성해줍니다.

클래스를 설명할 때 사용했던 Person 클래스는, 내부에 다른 함수를 가지지 않는다면 아래와 같이 data 클래스로 변경이 가능합니다.

코틀린 data 클래스 선언

```
data class Person(var name:String,
                  var age:Int)
```

data 클래스를 사용하다 보면 data 클래스의 일부 변수만 변경하여 복사하고 싶을 때가 있는데, 이때 사용하면 유용한 함수가 copy()입니다. 다음 경우를 봅시다.

코틀린 data 클래스 copy()

```
data class Person(var name:String, var age:Int)

val person:Person= Person("jame", 30)
val oldone:Person = person.copy(age = 45)
```

위의 코드의 person 변수에서 나이만 변경하고 person 변수를 copy하여 oldone을 하나 만들었는데요, oldone은 이름이 jame이고 나이가 45인 data 클래스가 됩니다.

enum 클래스

타입을 담는 클래스입니다. 자바에서는 enum 클래스에서 사용하는 숫자에 대해서 개발자가 임의로 선언할 수 없습니다. enum 클래스를 초기화하려면 별도의 코드가 필요했지만 코틀린에서는 아주 간단하게 초기화할 수 있습니다. 자바 코드와 코틀린 코드를 비교해서 살펴보겠습니다.

이름이 Color인 enum 클래스를 만들고 이름에 해당하는 color 코드를 반환한다고 가정해보겠습니다. 이 클래스를 자바로 작성한다면 아래와 같습니다.

자바 enum 클래스를 자바로 표현할 경우

```java
enum Color{
    RED(0xFF0000),
    GREEN(0x00FF00),
    BLUE(0x0000FF);

    int rgb;
    Color(int color){
        rgb = color;
    }
}
```

같은 기능의 enum 클래스 코드를 코틀린으로 표현해볼까요?

코틀린 enum 클래스를 코틀린으로 표현할 경우

```kotlin
enum class Color(val rgb: Int) {
    RED(0xFF0000),
    GREEN(0x00FF00),
    BLUE(0x0000FF)
}
```

자바 코드와 코틀린 코드를 비교해 보면 코틀린 코드에서는 생성자를 초기화 코드가 클래스 이름과 함께 선언해 줄 수 있어 코드 길이가 줄어든 것을 볼 수 있습니다.

sealed 클래스

sealed 클래스는 상속을 제한하기 위해서 사용하는 클래스입니다. 자바에서는 클래스에 final을 사용하거나 생성자를 private으로 생성하지 않는 이상, 모든 클래스가 상속이 가능합니다. 그래서 자바의 경우 개발자가 조금만 소홀해지면 악의적인 의도를 가진 개발자가 프로그램을 변경하여 사용할 수 있게 되지요. 그래서 상속을 제한하는 클래스가 필요합니다.

만약 프로그램 내부에서는 상속할 수 있도록 하고 외부 모듈에서는 상속을 못 하게 하고 싶을 경우는 어떻게 해야 될까요? 이런 경우 사용할 수 있는 클래스가 sealed 클래스입니다. sealed 키워드를 클래스 앞에 사용하게 되면 한 파일에 있는 클래스에 대해서는 상속할 수 있습니다. 예시를 보겠습니다.

코틀린 sealed 클래스의 예 | Expression.kt

```kotlin
package com.example.kotlin.firstcapter

sealed class Expression {
}

data class Sum(val num1:Int, val num2:Int):Expression()
```

아래는 Expression.kt에서 선언되어 있는 sealed 클래스를, MainActivity.kt 파일에서 Expression 클래스를 사용한 코드입니다. 외부 파일에서 sealed 클래스에 접근하자 private이라 상속할 수 없다고 에러가 납니다. 하지만 같은 프로젝트 안에 있다면 sealed 클래스를 상속받은 자식 클래스를 상속받은 클래스는 어느 파일에 위치하든지 상관이 없습니다.

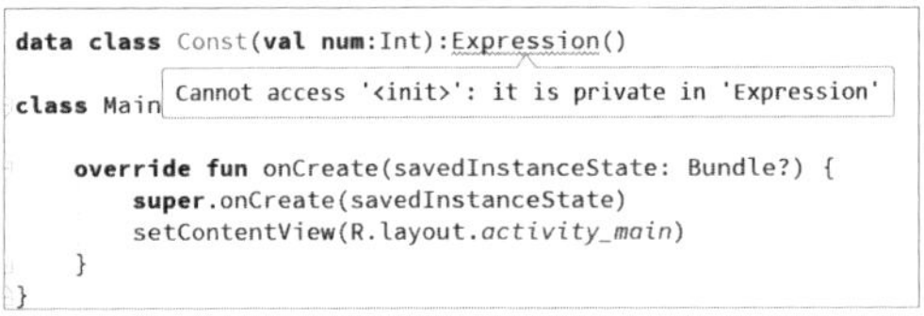

```kotlin
data class Const(val num:Int):Expression()

class Main    Cannot access '<init>': it is private in 'Expression'

    override fun onCreate(savedInstanceState: Bundle?) {
        super.onCreate(savedInstanceState)
        setContentView(R.layout.activity_main)
    }
}
```

[그림 2-7] 외부 파일에서 sealed 클래스에 접근하는 경우 발생하는 에러

object 타입

클래스 객체를 선언하지 않고 anonymous 클래스를 선언해서 사용해야 될 때가 있습니다. 자바에서는 anoymous inner 클래스를 선언해서 사용하지만 코틀린에서 anonymous 클래스를 받아주는 object라는 객체가 따로 있는데요, 각각 자바와 코틀린에서 표현되는 방식을 비교해보겠습니다.

```java
WebView webView = new WebView(mCtx);
webView.setWebViewClient(new WebViewClient(){
    @Override
    public void onPageStarted(WebView view, String url, Bitmap favicon) {
        super.onPageStarted(view, url, favicon);
    }
});
```

```kotlin
val webView = WebView(mCtx)
webView.setWebViewClient(object : WebViewClient(){
    override fun onPageStarted(view: WebView?, url: String?, favicon: Bitmap?) {
        super.onPageStarted(view, url, favicon)
    }
})
```

자바에서와 다른 점이 있다면 코틀린에서는 object라는 객체로 WebViewClient를 받아주고 있습니다. anonymous 클래스를 사용할 때는 object를 선언해 주는 것을 잊지 않도록 합니다.

anonymous 클래스를 선언하려면 object가 사용되기도 하지만 한 번 쓰고 다시 사용되질 않을 클래스를 선언할 때도 사용될 수 있습니다. Triangle이라는 클래스 객체를 만드는데 이 객체가 Shape라는 인터페이스를 상속하여 쓰지만 Main에서 한 번 호출되고 사용되지 않다고 가정해 봅니다. 이런 경우도 자바에서는 Triangle 클래스 파일을 만들어 주어야 했는데요, 코틀린에서는 object를 이용하여 Shape 인터페이스 클래스를 상속 받고 onDraw 함수를 바로 구현할 수 있습니다. 코드를 살펴볼까요?

```kotlin
interface Shape{
    fun onDraw()
}

val triangle = object:Shape{
    override fun onDraw() {
    }
}
```

object가 Shape 클래스를 상속 받고 onDraw 함수도 구현했습니다.

object는 함수의 리턴 타입으로 사용할 수도 있습니다. 함수의 리턴 타입을 object로 선언한다는 것은 이 함수를 객체로 넘겨주겠다는 표현입니다. 그래서 함수 다음에 '.' 을 이용하여 함수 안에서 사용하는 변수에 접근이 가능합니다. 하지만 리턴 타입으로 object를 사용할 때 private 함수와 public 함수에서 다른 값이 되는데요, 코드를 살펴 보겠습니다.

```
class C{
    private fun getValue() = object {
        val x:String = "x"
    }

    fun getPublicValue() = object {
        val x_p:String = "x_p"
    }

    fun bar(){
        getValue().x
        getPublicValue().x_p
    }
    [UNRESOLVED_REFERENCE] Unresolved reference: x_p
}
```

[그림 2-8] 리턴 타입으로 object를 사용할 때

private 함수에서 함수 안에서 선언되었던 val 값을 참조하여 사용할 수 있지만 public 함수 getPublicValue 함수에서는 참조하는 값을 찾을 수 없다고 나옵니다. 그 이유는 public에서는 리턴 타입으로 object로 선언했지만 Any로 변경되면서 리턴값을 선언 하지 않는 것과 똑같이 동작하기 때문입니다. 이렇게 설정한 이유는 클래스 내부에서 선언되어 있는 값을 외부에서 건들 수 없게 하기 위함입니다.

2.2 함수(fun)

앞에서 클래스를 설명하면서 함수를 쓰는 방법에 대해서 간략히 알아보았습니다. 코틀린과 자바 사이에 함수를 사용하는 방법에 크게 다른 점을 꼽자면 함수를 선언하는 키워드가 따로 있다는 것인데요. 이 절에서 함수에 대해 좀더 자세히 살펴보겠습니다.

2.2.1 함수 선언

function의 앞 세 글자를 따서 fun이라는 키워드를 사용하여 함수를 선언합니다. 기본적인 함수 선언 방법은 다음과 같습니다.

```
fun name (name:type, …) : return type
```

코틀린에서는 함수를 선언하는 방법이 자바와 다릅니다. 하나씩 살펴볼까요?

fun 다음에 바로 함수의 이름이 오고, 리턴 타입이 제일 뒤로 갑니다. 그리고 리턴 타입을 정의하기 위해 ':' 기호를 씁니다. 리턴 타입을 정의하는 부분이 뒤에 있어 코드의 길이를 줄이는 여러 장치들을 적용할 수 있게 되었습니다. 예시로 알아보겠습니다.

아래 함수는 인자로 int 값 두 개를 받아 더하고 int 값을 리턴해줍니다. 선언하는 방법은 다르지만 자바에서 해주는 방법과 비슷합니다.

코틀린 함수 선언하기

```
fun add(x:Int, y:Int):Int
{
    return x+y
}
```

하지만 코틀린에서는 간단한 수식으로 처리되는 함수에는 리턴 인자형에 '='을 이용하여 한줄로 간단하게 표현이 가능합니다.

코틀린 줄여서 표현이 가능하다

```
fun add(x:Int, y:Int) : Int = x+y
```

위의 함수를 조금 더 간략하게 줄일 수 있습니다.

add 함수에서 인자값이 int형으로 x, y를 더한 값은 int 값입니다. 이럴 경우에 리턴값에 대한 형을 선언해주지 않아도 되는데요, 다음과 같이 더 줄여서 표현이 가능합니다.

코틀린 리턴값이 인자의 형과 같다면 더 줄일 수 있다

```
fun add(x:Int, y:Int) = x+y
```

그리고 코틀린에서는 리턴값을 적어주지 않으면 기본적으로 Unit이 리턴됩니다. Unit은 자바에서 void와 같고요, 명시적으로 Unit이라고 적어도 되지만 적지 않는 것이 기본입니다.

2.2.2 함수도 기본값을 정의할 수 있을까?

클래스의 인자의 기본값을 설정해 주는 것과 마찬가지로 함수도 기본값을 설정해 줄 수 있습니다. 아래 함수에서 y를 넣어주지 않는 경우는 x+10으로 동작하게 됩니다.

함수의 기본값 설정

```
fun add(x:Int, y:Int = 10) = x+y
```

그리고 다음 예시와 같이 기본값을 넣어 주면 reformat 함수를 사용하는 곳에서는 필요한 값만 설정해 주고 나머지는 기본값으로 동작하게 만들 수 있습니다.

함수 기본값을 설정하여 사용할 수 있다

```
fun reformat(str: String,
             normalizeCase: Boolean = true,
             upperCaseFirstLetter: Boolean = true,
             divideByCamelHumps: Boolean = false,
             wordSeparator: Char = ' ') {
}
// 사용 예시
reformat(str)
reformat(str, true, true, false, '_')
reformat(str, wordSeparator = '_')
```

2.2.3 변수 타입

코틀린에서 변수는 기본적으로 object 타입으로 처리되지만 기본적인 변수 타입인 String, Double, Float 변수 타입은 자바와 같습니다. 또한 자바에서는 기본 변수로 String, double, float, int형이 있지만 코틀린에서는 모두 대문자로 시작합니다. 즉, String, Double, Float, Int형으로 변수 타입을 정의합니다. 코틀린 변수는 자바와 몇 가지 다른 점이 있는데, 한번 살펴보겠습니다.

① 코틀린은 자동 변환 기능을 허용하지 않는다

자바의 int는 double, float으로 자동 변환이 가능했지만 코틀린은 이를 허용하지 않습니다. 그래서 Int에서 Double로 타입 변환을 꼭 해주어야 합니다.

```
var d: Double = intVal.toDouble()
```

② Int에서 Char로 타입 변환이 자동으로 되지 않는다

자바에서 사용하던 방식으로 Char에 바로 숫자를 넣는다고 숫자에 해당하는 아스키 코드로 자동 변경해 주지 않습니다. 자바와 같이 사용하게 되면 아래와 같은 에러가 발생합니다.

```
        val char2Int:Char = 32
The integer literal does not conform to the expected type Char
```

[그림 2-9] char에 숫자를 넣을 경우 발생하는 에러

그래서 다음과 같이 명시적으로 형 변환을 해주어야 합니다.

```
val i = 32
val char2Int:Char = i.toChar()
```

③ 코틀린은 |, & 기호 대신 or, and로 표현한다

자바에서 비트 연산은 |, &를 사용했지만 코틀린은 or, and로 표현해주어야 합니다. 그리고 비트 연산자는 Int와 Long 타입에서만 가능한데요, 코틀린에서 사용하는 비트 연산자를 소개합니다.

[표 2-1] 코틀린에서 사용 가능한 비트 연산자

shl(count)	shift left (《)
shr(count)	shift right (Java's 》)
ushr	unsigned shift right (Java's 》》)
and(bits)	&
or(bits)		
xor(bits)	~
inv()	!

shift right, left 및 invert와 같이 단일 연산자에 대해서는 다음과 같이 두 방법을 사용할 수 있습니다. 괄호 안의 숫자는 shift 수행 카운트입니다.

```
x.shl(2)
x shl(2)
32.shl(2)
```

invert 함수는 변수나 해당 숫자에서 '.'으로 함수를 불러서 사용할 수 있습니다.

```
x.inv()
2.inv()
```

④ 변수 타입을 알려주는 간단한 키워드로 변수형을 선언하지 않고 지정 가능하다

```
val i = 12
val hex = 0x12
val long = 3L
val double = 3.5
val float = 3.5F
val temp= "Hello World"
val char = temp[1]
```

2.2.4 vararg

vararg는 다양한 변수 값을 하나의 변수로 전달 받을 때 사용할 수 있습니다. 자바 main 함수에서 arg값을 배열 [ ]로 받았던 방식과 비슷한데요, 예시를 살펴볼까요?

함수의 인자로 numbers를 받는데 vararg라는 키워드를 사용했습니다. numbers에는 Int 값이 여러 개 대입될 수 있습니다. 이렇게 list를 선언하지 않고 인자를 받고 싶을 경우에는 vararg 키워드를 사용하면 됩니다.

vararg를 사용하는 예제 코드
```
fun add(vararg numbers:Int):Int
{
    var total:Int = 0
    for(n in numbers)
        total +=n
    return total
}
add(1,2,3,4,5,6,7) // 1~7까지 더하는 함수가 된다.
add(1)
```

2.3 흐름 제어 연산자

코틀린은 흐름을 제어하는 연산자도 자바와 비교해 다른 점이 있습니다. if는 기존에 자바에서 사용하던 방식과 같지만, for와 switch문의 사용 방법이 변경되었습니다. 이 부분이 조금 생소할텐데요. 자세하게 알아볼까요?

2.3.1 for문의 범위 설정 키워드

자바에서는, for문에서 범위를 설정할 때 〈 , 〉, 〉=, 〈= 등의 연산자를 사용했습니다. 하지만 코틀린에서는 in과 .., step, downTo 연산자로 범위를 표현합니다.

'..'은 범위를, in은 '..'으로 표현된 범위 안에 들어 있는가를 살펴보는 연산자입니다.

i가 1〈i〈10만큼 연산을 반복하는 경우를 자바와 코틀린 코드로 비교해보겠습니다.

자바 1〈i〈10

```
for(int i=2 ; i<10; i++)
{

}
```

코틀린 1〈i〈10

```
for(i in 2..9)
{

}
```

for문을 살펴보면 범위를 설정하는 부분이 자바와 조금 다릅니다.

자바에서 명확하게 〈, 〉를 기호를 사용하여 크고 작음을 표시했지만, 코틀린에서는 '..' 을 사용하므로 숫자를 사용할 때 범위 설정을 어떻게 해야되는지 명확하게 살펴야 합니다. 코틀린에서는 2..9로 범위를 설정했다면 2, 9를 포함하는 방식이 되므로, (2〈= i 〈= 9)의 범위를 갖게 됩니다. 이를 꼭 기억해 두고 범위를 설정하십시오.

범위를 지정할 경우 오름차순으로 해야될 때도 있지만 반대로 내림차순으로 범위를 정해야 될 때가 있습니다. 이때는 downTo 연산자를 사용합니다.

코틀린 10)i)1

```
for(i in 9 downTo 2)
{

}
```

또한 1씩 증가하는 범위가 아닌 2씩 범위가 증가해야 되는 경우라면 step이라는 연산자를 사용합니다.

코틀린 1〈i〈10 i+2

```
for(i in 2..9 step 2) // 2,4,6,8
{

}
```

코틀린 11〈i〈1 i-2

```
for(i in 10 downTo 1 step 2) // 10,8,6,4,2
{

}
```

for문에서 정확하게 정해진 숫자로만 루프문을 돌 때도 있지만 list의 사이즈 만큼 루프문을 돌 수도 있는데요, 다음과 같이 0..data.size로 표현이 가능합니다.

```
for(i in 0..data.size-1)
{

}
```

자바에서는 for문을 구현할 때 list의 size를 이용하는 방법이 아닌 iterator를 사용하여 데이터를 바로 받아서 for문을 구현하는 경우도 있습니다. 이런 표현도 코틀린에서 가능합니다. 살펴볼까요?

```
var nameList:Array<String> = arrayOf("Tom", "Bill","Suzan")
for(name:String in nameList)
{

}
```

2.3.2 switch 대신 When

코틀린에서는 자바에서 사용하던 switch가 존재하지 않습니다. 하지만 switch의 확장 버전이라고 할 수 있는 when이 있는데요, switch처럼 특정 변수의 경우에 따라 분기를 나누거나 간단한 연산의 수행 결과에 따라 분기를 나눌 수도 있습니다. 예제로도 쉽게 이해할 수 있습니다.

```
override fun onClick(v: View?) {
    when(v?.id){
        R.id.search_button->{
        }
        R.id.search_go_btn->{
        }
    }
}
```

자바에서 사용하던 키워드 case가 사라지고 대신에 '→' 기호를 사용하는 것을 볼 수 있습니다. 그리고 break 키워드가 없죠. {} 안에 있는 부분이 전체 실행 구간이라고 보면 되는데요, 물론 {}를 사용하지 않아도 상관은 없습니다. {}를 사용하지 않으면 다음 →문이 나올 때까지가 실행 구간입니다.

when문에서는 간단한 연산도 가능한데 아래 예시 코드를 살펴볼까요?

```kotlin
fun showToast(array:ArrayList<String>){
    when{
        array.size == 0->{
            Toast.makeText(this, "Empty", Toast.LENGTH_SHORT).show()
        }
        (0< array.size) and (array.size <10) ->{
            Toast.makeText(this, "Good", Toast.LENGTH_SHORT).show()
        }
        array.size >10 ->{
            Toast.makeText(this, "Out of size", Toast.LENGTH_SHORT).show()
        }
    }
}
```

코드를 살펴보면 when에서 값을 비교하는 값이 없습니다. 하지만 array.size 〈 0을 통해서 이 when문은 true/false에 대한 값에 대해서 처리하는 구문으로 정의됩니다. 그래서 문구의 리턴값이 다르게 되면 아래과 같이 에러가 발생합니다.

```kotlin
when{
    array.size < 0->{
        Toast.makeText(this, "Empty", Toast.LENGTH_SHORT).show()
    }
    (0< array.size) and (array.size <10) ->{
        Toast.makeText(this, "Good", Toast.LENGTH_SHORT).show()
    }
    array.size->{
    Type mismatch.
    Required: Boolean
}   Found:    Int
```

[그림 2-10] 리턴값이 다른 경우 발생하는 에러

2.4 콜렉션

자바에서는 자료구조 클래스를 사용할 때 수정에 대한 제약이 없었습니다. 하지만 코틀린은 다른 언어들과 다르게 콜렉션이나 map 자료형에 대해 읽기 전용 모드 객체와 수정이 가능한 객체로 나누어 놓았습니다.

자바에는 자료구조를 제공하고 있고 이를 JCF_{Java Collection Framework}라고 합니다. 순서나 집합적인 저장 공간으로 list, set 등의 클래스를 크게 콜렉션으로 정의하고 키와 자료형을 가지는 저장 클래스에 대해서는 크게 map으로 정의하고 있습니다. 자바에서는 자료구조 클래스를 사용할 때 수정에 대한 제약이 없었습니다. 하지만 코틀린은 다른 언어들과 다르게 콜렉션이나 map 자료형에 대해 읽기 전용 모드 객체와 수정이 가능한 객체로 나누어 놓았습니다. 이렇게 하는 것이 개발자가 의도치 않게 콜렉션 클래스를 수정하여 발생할 수 있는 버그를 최소한으로 한다고 생각하기 때문입니다.

코틀린에서는 클래스를 선언하여 쓰지 않아도 리스트를 만들 수 있도록 함수를 제공합니다. 리스트를 만들 때 사용하는 함수는 listOf이며, map을 만들 때 사용하는 함수는 mapOf입니다. 이 함수들은 수정이 불가능한 함수로 읽기 전용으로만 동작하는데요, 수정이 가능한 형태는 mutable이라는 단어가 붙습니다. mutableListOf, mutableMapOf 등이 그런 형태입니다. 예제 코드를 살펴볼까요?

listOf 예제

```
val nameList = listOf("Mike", "Victoria", "Bill")
for(i in 0..nameList.size-1)
{
    nameList.get(i)
}
```

읽기 전용 모드로 리스트를 만들게 되면 get, first, last 등의 리스트에 들어 있는 객체를 읽어 오는 함수들만 있습니다.

```
val nameList = listOf("Mike", "Victoria", "Bill")
for(i in 0..nameList.size-1)
{
    nameList.get(i)
}
```

🔵 🔒 get(index: Int)		String
🔵 🔒 getOrElse(index: Int, defaultValue: (Int) -> String) for List<T> in k…		String
🔵 🔒 getOrNull(index: Int) for List<T> in kotlin.collections		String?
🔵 🔒 size		Int
🔵 🔒 lastIndex for List<T> in kotlin.collections		Int
🔵 🔒 indices for Collection<*> in kotlin.collections		IntRange
🔵 🔒 javaClass for T in kotlin.jvm		Class<List<String>>

Did you know that Quick Documentation View (Ctrl+Shift+Space) works in completion lookups as well? ≫ 🔲

[그림 2-11] 읽기 전용 모드로 리스트를 만들 때

Tip

listOf, mapOf, setOf 등의 함수는 수정이 불가한 콜렉션이므로 변수를 선언할 때 수정할 수 없는 함수를 나타내는 val을 써서 선언해 주는 것이 좋습니다.

다음 예제와 같이 mutable로 만들면 자바에서 사용하던 방식으로 add나 addAll 등의 함수를 사용할 수 있습니다.

mutableListOf 예제 코드

```
var nameList = mutableListOf<String>()
if(nameList.isEmpty()){
    nameList.add("No Name")
}
```

콜렉션 객체들은 null인 변수를 필터해서 사용할 수 있는 함수 filterNotNull를 제공합니다. 예제로 알아볼까요?

```
var nameList:List<String?> = listOf("Bob", null, "james")
for(name in nameList.filterNotNull())
{
    print(name)
}
```

list에 들어있는 String 중에 null이 아닌 객체를 출력하는 코드입니다. 이렇게 출력하면 3개 중에 2개 "Bob", "James"만 출력됩니다. 하지만 list에서 null을 제거한 것은 아니므로 갯수를 출력해보면 3개로 나옵니다. 말 그대로 필터링을 제공하는 함수죠.

콜렉션에서 +, − 기호를 사용해서 내용을 추가하거나 뺄 수 있습니다. list에서는 해당 내용으로 추가와 삭제가 가능하지만 map에서 value로는 내용을 뺄 수 없고 key로 내용을 추가하거나 삭제할 수 있습니다. 아래 코드를 살펴보죠.

```
fun printMap(){
    val map = mapOf(1 to "one", 2 to "two")
    var newMap = map - 1
    Log.d("Example", "minus list : $newMap")
    newMap += 3 to "three"
    Log.d("Example", "plus list : $newMap")

    val list = listOf("one","two","three")
    var newList = list - "one"
    Log.d("Example", "minus list : $newList")
    newList += "four"
    Log.d("Example", "plus list : $newList")
}
```

위 코드를 실행한 후 로그에 찍히는 내용을 살펴보면 다음과 같습니다.

```
D/Example: minus list : {2=two}
D/Example: plus list : {2=two, 3=three}
D/Example: minus list : [two, three]
D/Example: plus list : [two, three, four]
```

코드에서 map, list 모두 read only 타입으로 +, −를 사용했을 경우 새로 생성된 map, list 변수는 수정이 가능한 컬렉션collection으로 새로 생성됨을 알 수 있습니다. 그리고 listOf, arrayOf 등으로 생성되는 컬렉션은 자바의 ArrayList 클래스와 List 클래스로 대체될 수 있습니다. 하지만 listOf나 arrayOf 등으로 생성될 때 read only 모드로 생성되었지만, 이렇게 생성된 컬렉션은 mutable list로 타입 변환을 하여 변수를 수정할 수 있어 수정이 전혀 되지 않는 immutable collection과는 차이가 있습니다.

2.5 타입 체크와 비교 연산

자바에서는 타입 캐스팅을 하는 키워드가 별도로 존재하지 않고 단순히 (type)을 통해서 가능했지만 코틀린에서는 특정 키워드를 사용하여 타입 캐스팅을 해줍니다. 타입을 체크할 때 사용하는 키워드도 다른데요. 이에 대해 자세히 알아봅니다.

2.5.1 타입 체크 is와 타입 캐스팅 as

코틀린에서는 타입을 체크할 때 사용하는 키워드는 is, 타입 캐스팅으로 할 때 사용하는 키워드는 as입니다. is는 자바의 instanceof와 같고, as는 (type) 변수와 동일합니다.

뷰를 받아서 레이아웃의 gravity를 설정하는 함수를 살펴보겠습니다. 인자로 받은 뷰는 다양한 레이아웃이 될 수 있는데요. 레이아웃에 따라서 gravity를 설정해주는 방법이 다르므로 is 키워드로 레이아웃이 무엇인지 파악을 하고 그에 따라 layoutparam을 맞도록 타입 캐스팅해서 gravity를 세팅해 줄 수 있습니다.

s와 as를 사용하는 예제 코드

```
fun setLayoutParam(view: View)
{
    if(view is LinearLayout)
    {
        var param : LinearLayout.LayoutParams = view.layoutParams as LinearLayout.
LayoutParams
        param.gravity = Gravity.BOTTOM
        view.layoutParams =  param
    }
    else if(view is RelativeLayout)
    {
        var param : RelativeLayout.LayoutParams = view.layoutParams as
RelativeLayout.LayoutParams
        param.addRule(RelativeLayout.ALIGN_PARENT_BOTTOM)
        view.layoutParams = param
    }
}
```

2.5.2 NPE에 안전한 변수 선언 방법

코틀린에서 가장 큰 장점 중에 하나가 null safty 구조를 지향한다는 점인데요, NPE_{Null} Point Excpetion을 방지하기 위해서 코틀린에서 여러 가지 기호들을 사용하고 있습니다.

먼저 소개할 기호는 '?'입니다.

일반적으로 변수를 선언하여 사용하고 난 다음 명시적으로 null을 만들어 주어 다음에 다시 값을 할당하는 방식을 사용합니다. 다음과 같이 코딩하면 코틀린에서는 변수 a에는 null 값을 사용할 수 없다는 에러를 출력합니다.

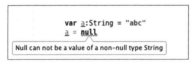

```
var a:String = "abc"
a = null
Null can not be a value of a non-null type String
```

[그림 2-12] 코틀린의 null saftey 구조

이럴 경우에 사용하는 기호가 물음표, '?' 입니다. 이 기호는 변수가 null 값을 가질 수도 있음을 알려 줍니다.

```
var a:String? = "abc"
a = null
```

null을 넣을 수 있으면 NPE에 안전할 수 있는지 의문이 들 텐데요, 코틀린에서 null이 들어갈 가능성이 있는 모든 변수에 대해서는 null 값 참조가 있을 수 있으며 이를 처리하라는 에러 메시지를 다음과 같이 출력하여 개발자에게 NPE 처리를 지속적으로 요구합니다.

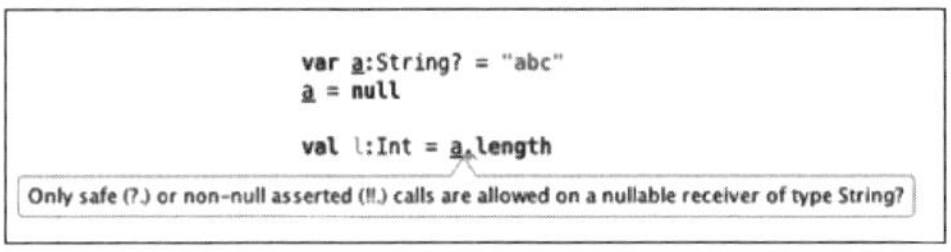

```
var a:String? = "abc"
a = null

val l:Int = a.length
Only safe (?.) or non-null asserted (!!.) calls are allowed on a nullable receiver of type String?
```

[그림 2-13] 개발자에게 NPE 처리를 지속적으로 요구하는 코틀린

코틀린에서는 이런 경우 변수 뒤에 물음표(?)로 처리합니다. 아래 코드를 살펴보죠.

```
val len:Int? = a?.length
```

변수 len은 null 값을 참조할 수 있다고 선언했고 변수 a는 값이 null이 아닌 경우에는 length를 가져와서 처리하는 의미입니다. 이 코드에서 len은 여전히 null 값을 가질 가능성이 있게 되고 그럼 이 코드는 언젠가 NPE가 날 확률이 있습니다. 이때 null이면, 기본값을 설정해주는 방법이 있는데요, 물음표(?)와 콜론(:)을 사용하고 이름은 엘비스 elvis 연산자입니다. 위의 len 값을 NPE를 나지 않도록 하는 코드를 다음과 같이 작성할 수 있습니다.

```
var a:String? = "abc"
a = null
var len : Int = a?.length?:0
```

위의 코드는 변수 a가 null이 아니면 a.length를 사용하고 아니면 0으로 초기화합니다.

그리고 명시적으로 변수에 null 값을 참조할 수 있도록 해주는 기호 '!!'(느낌표 두 개)가 있습니다. null 값을 참조하면 그 즉시 프로그램은 exception을 내면서 죽게 됩니다.

```
var a:String? = "abc"
a = null
val l :Int = a!!.length
```

앞과 같은 코드를 작성해서 프로그램을 실행해 보면 아래와 같이 NPE을 일으키면서 프로그램이 죽는 것을 볼 수 있습니다.

```
Caused by: kotlin.KotlinNullPointerException at com.kotlin.example.MainActivity.
onCreate(MainActivity.kt:36) at android.app.Activity.performCreate(Activity.
java:6272) ...
```

2.5.3 비교 연산자 ==와 ===

코틀린에서 두 변수를 비교하는 연산자로 '=='와 '==='가 있습니다. '==='(==에서 =가 하나 더 붙은) 연산자는 비교하는 두 변수가 자료 포인터가 정말 같은지 살펴보는 기능을 합니다.

'=='는 자바에서 사용하던 '==' 연산자와 같습니다. 하지만 '==' 연산자의 내부를 살펴보면 자바와 다른 점이 있습니다.

```
a?.equals(b) ?: (b === null)
```

a가 null이 아니면 equals 함수를 수행하고 null이면 b 객체가 null 포인트인지 살펴보는 코드가 되는데요, 변수 a, b 모두에 대해서 '==' 연산자가 null 값을 참조하더라도 exception을 반환하지는 않지만, 변수 a, b가 둘다 null인 경우에는 참값이 발생하므로 개발자는 이에 유의해서 코딩하는 게 좋습니다.

2.6 람다

람다를 이해하려면 고차 함수와 anonymous inner class에 대해서 알아야 합니다. 고차 함수란 인자나 리턴값에 함수를 넣어 사용하는 함수를 말하는데요, 좀더 상세히 알아보겠습니다.

2.6.1 람다의 형태

anonymous inner class는 말 그대로 익명 클래스로 코드 중간에 클래스를 선언하여 바로 만들어 쓰는 클래스들을 말합니다. anonymous inner class의 대표적인 예가 우리가 자주 사용하는 runnable 클래스나 OnClickListner 클래스들입니다.

람다Lamda는 고차 함수 인자로 받아 처리는 방법을 말하며, 람다를 이용하면 inline으로 함수를 선언해서 중첩적으로 사용되는 코드를 생략하고 실행되는 코드에 집중할 수 있도록 해줍니다. 람다는 '->' 기호를 사용하여 함수의 선언부를 생략하고 함수의 바디 부분을 바로 작성하는 형태입니다.

아래와 같이 람다식을 만들 수 있습니다. inner 클래스에서 받게 되는 인자argument를 적고 '->' 기호, 다음에는 함수 이름을 적지 않고 바로 실행문을 적으면 됩니다.

(타입 매개 변수) -> {실행문…}

간단하게 int 변수 2개를 받아 더하는 add()를 람다로 표현하면 다음과 같이 한줄로 표현이 가능합니다.

> 람다   add 함수를 람다로 구현

```
(x,y)->x+y
```

Button에 onClickListener 함수를 설정하는 예제를 통해서 어떻게 람다로 바뀌는지 살펴보겠습니다. 다음은 일반적인 자바 코드입니다. Listener를 추가하는 모든 부분에서 new View.onClickListener와 onClick 부분이 다 추가될 것입니다.

자바 onClickListener를 구현한 코드

```java
btn.setOnClickListener(new View.OnClickListener() {
    @Override
    public void onClick(View v) {
    }
});
```

이 부분을 람다식으로 표현하게 되면 아래와 같은 코드로 수정이 가능합니다.

람다 onClickListener를 구현한 코드

```java
btn.setOnClickListener((v)->{   // v가 인자가 되고 {} 부분은 함수 바디로 실행문이 된다.

    }
});
```

람다를 사용한 코드를 보면 코드 길이가 줄어 들고 불필요한 부분이 사라져서 OnClick이 되었을 경우 어떤 행동을 하는지에 초점을 맞춰서 코드를 읽을 수 있게 됩니다.

2.6.2 코틀린에서 살펴보는 람다의 특징

지금까지는 자바에서 람다 코드를 생성하는 방법에 대해서 알아보았습니다. 코틀린에서 람다를 표현하는 람다식의 형태는 자바와 같습니다(여기서 이야기하는 자바는 버전 8에서 새로 추가된 람다를 의미합니다). 하지만 코틀린에서는 람다를 사용할 때는 람다가 표현되는 부분을 무조건 '{}'으로 감싸주어야 한다는 규칙이 하나 추가되었는데요, 그래서 Button의 OnClickListener를 추가할 때는 다음과 같은 코드가 됩니다.

```
val btn = findViewById(R.id.btn_hello) as Button
btn.setOnClickListener({btn->showDialog()})
```

람다의 구조 (타입 매개 변수) -〉 {실행문…}으로 살펴보면 btn이 매개 변수고,
showDialog()를 실행하는 구문이 됩니다.

그리고 코틀린에서는 함수의 인자가 여러 개일 때 마지막 인자로 함수를 받는다면 람
다 표현식을 괄호 안에 넣지 않고 괄호 밖에서 선언할 수 있습니다. 그래서 다시
setOnClickListener를 아래와 코드와 같이 괄호를 생략한 코드로 수정할 수 있습니다.

```
val btn = findViewById(R.id.btn_hello) as Button
btn.setOnClickListener{btn->showDialog()}
```

람다를 좀더 이해하기 위해서 다른 예를 하나 더 살펴볼까요?

list를 구성하는 item들 중에 버튼이 들어가는 경우 ListAdapter를 사용하는 Activity
에서도 OnClick을 핸들링해야 될 경우가 있습니다. 이런 경우 어떻게 사용하는지 살
펴보면, 일반적으로 람다를 몰랐을 때 우리가 작성하는 자바 코드는 다음과 같습니다.

```
package com.example.kotlin.secondchapter;

import android.app.Activity;
import android.content.Context;
import android.os.Bundle;
import android.view.View;
import android.view.ViewGroup;
import android.widget.BaseAdapter;
import android.widget.Toast;

import java.util.ArrayList;
import java.util.Arrays;
```

```java
public class MainActivity extends Activity {
    @Override
    protected void onCreate(Bundle savedInstanceState) {
        super.onCreate(savedInstanceState);
        String[] item = {"Bill", "Mike"};
        JavaListAdapter adapter = new JavaListAdapter(this, new ArrayList<>(Arrays.
asList(item)), new View.OnClickListener() {
            @Override
            public void onClick(View v) {
                Toast.makeText(MainActivity.this, "Button Clicked", Toast.LENGTH_
SHORT).show();
            }
        });
    }

    public class JavaListAdapter extends BaseAdapter{
        private Context mContext;
        private View.OnClickListener mOnClick;
        private ArrayList<String> mItemArray;
        JavaListAdapter(Context context, ArrayList<String> itemArray, View.
OnClickListener listener){
            mContext = context;
            mOnClick = listener;
            mItemArray = itemArray;
        }
        @Override
        public int getCount() {
            return mItemArray.size();
        }

        @Override
        public Object getItem(int position) {
            return mItemArray.get(position);
        }

        @Override
        public long getItemId(int position) {
            return position;
        }

        @Override
        public View getView(int position, View convertView, ViewGroup parent) {
            return convertView;
        }
    }
}
```

이 자바 함수를 코틀린으로 변경하고 람다를 사용하게 되면 아래와 같은 코드로 수정할 수 있습니다.

코틀린 람다를 이용한 adapter의 onclick 함수 핸들링 코드

```
package com.example.kotlin.secondchapter

import android.content.Context
import android.os.Bundle
import android.support.v7.app.AppCompatActivity
import android.view.View
import android.view.ViewGroup
import android.widget.BaseAdapter
import android.widget.Toast

class MainActivity : AppCompatActivity(){

    override fun onCreate(savedInstanceState: Bundle?) {
        super.onCreate(savedInstanceState)
        setContentView(R.layout.activity_main)

        val adapter = MyListAdapter(this, arrayListOf("bill", "mike")){view->
            Toast.makeText(this, "Button Clicked", Toast.LENGTH_SHORT).show()
        }
    }
}

class MyListAdapter(val context:Context, val itemArray:ArrayList<String>, val
itemClick:(View?)->Unit):BaseAdapter()
{
    override fun getItem(position: Int): Any {
        return itemArray[position];
    }

    override fun getItemId(position: Int): Long {
        return position.toLong()
    }

    override fun getCount(): Int {
        return itemArray.size
    }

    override fun getView(position: Int, convertView: View, parent: ViewGroup?): View {
        return convertView
    }

}
```

자바 코드와 코틀린 코드에서 굵게 표시된 부분을 보면 코틀린에서는 간략하게 표현됨을 확인할 수 있습니다.

MyListAdapter 클래스의 마지막 인자 itemClick을 살펴보면 람다 형식을 취하고 있습니다. 앞에 언급했던 대로 람다식을 적용해 보면 View는 함수의 인자이고 실행문 부분이 Unit으로 되어 있는데요, 실행문 바디에 Unit을 사용한 이유는 기본적으로 코틀린에서는 모든 리턴값이 Unit이기 때문입니다. 이렇게 기본값으로 선언해두면 함수 실행문으로 대체되어 사용될 수 있습니다.

그리고 람다 함수 중에 인자 값이 여러 개이면, 사용하지 않는 인자에 대해서 언더스코어( )를 사용하여 처리할 수 있습니다. 아래 예제 코드를 살펴봅시다. map 인자는 키와 값으로 나눠어서 저장되는데요, 이때 키 값에 대해서 처리하지 않고자 한다면 '_'를 사용하여 아래 코드와 같이 표현할 수 있습니다.

```
fun printMap(){
    val map = mapOf(1 to "one", 2 to "two")
    map.forEach { _, value -> println("$value!") }
}
```

언더스코어 기능은 코틀린 1.1에서 추가된 내용으로 1.1 미만의 버전에서는 지원하지 않으니 코틀린 플러그인 1.1로 업데이트 한 후에 사용하기를 권합니다.

2.6.3 inline 키워드

inline 키워드를 사용하게 되면 함수 호출을 하지 않고 코드를 그대로 프로그램 중간에 삽입하여 컴파일하게 됩니다. 이렇게 되면 함수 호출을 통해서 발생하는 비용을 줄일 수 있고 메모리도 줄일 수 있는 장점이 있습니다. 하지만 inline 함수 길이가 길어지면 그 비용은 함수를 호출하는 것보다 더 큰 비용이 될 수 있으니 inline 함수는 최대한 간결한 코드에서 사용해야 합니다. 그럼 inline 함수는 어떻게 사용되는지 예제를 보겠습니다.

inline 키워드를 사용하는 예제 코드

```
inline fun supportsLollipop(code: () -> Unit) {
    if (Build.VERSION.SDK_INT >= Build.VERSION_CODES.LOLLIPOP)
        code()
    }
}
supportsLollipop { window.setStatusBarColor(Color.BLACK) }
```

이 코드는 함수의 인자를 함수로 받은 경우로 고차원 함수입니다. 그래서 현재 단말 버전이 롤리팝보다 높거나 같을 경우 인자로 받은 해당 함수를 호출하는 간단한 내용인데요, inline 키워드를 사용했으므로 코드가 컴파일될 때 해당 내용이 호출한 부분에 삽입됩니다.

2.7 제네릭

코틀린도 제네릭을 지원합니다. 자바와 같은 방법으로 사용할 수 있지만, 코틀린은 자바와 와일드
카드를 사용하는 측면에서 차이가 있습니다. 그리고 자바에서 명시적으로 해줘야 되는 부분도 코
틀린은 추론을 통해서 생략이 가능합니다. 이제 코틀린의 제네릭에 대해서 자세히 살펴볼까요?

2.7.1 제네릭

제네릭Generic에 대해서 설명할 때 콜렉션 클래스를 자주 언급하게 됩니다. 그 이유는 콜
렉션 클래스의 특징이 다양한 클래스를 추가 가능하도록 클래스를 생성하는데, 이 부
분이 제네릭을 설명하는 데 아주 유용하기 때문입니다. 이렇게 특정 클래스를 정하지
않고 쓰는 클래스들을 제네릭 클래스라고 합니다. 제네릭 클래스처럼 클래스 형태를
정하지 않아도 컴파일이 잘되는 이유는 제네릭 클래스는 컴파일 타임에 클래스의 형태
가 정해지기 때문입니다. 아래 자바 코드를 보면 금방 이해가 될텐데요, 예제 소스를
함께 살펴보죠.

자바

```java
public class GenericClass<T> {
    private T genericValue;

    void set(T item){
        genericValue = item;
    }
    T get(){
        return genericValue;
    }
}
```

앞의 코드를 살펴보면 T형을 받아서 저장하고 이를 돌려주는 클래스입니다. T라는 클래스는 어디에도 선언되어 있지 않는데요, T 클래스는 컴파일 타임에 GenericClass를 사용하는 클래스 타입으로 변경됩니다. 아래 GenericClass를 사용하는 MainActivity 코드를 살펴보죠.

```java
import android.os.Bundle;

import android.support.v7.app.AppCompatActivity;



public class MainActivity extends AppCompatActivity {

    @Override

    public void onCreate(Bundle savedInstanceState) {

        super.onCreate(savedInstanceState);


        GenericClass<String> genericString = new GenericClass<>();

        genericString.set("Hello");


        GenericClass<Integer> genericInt = new GenericClass<>();

        genericInt.set(13);

    }

}
```

GenericClass에 Int, String형 모두 사용할 수 있습니다. 이렇듯 제네릭 클래스는 특별한 클래스 형을 정해두지 않고 다양한 클래스를 대입하여 사용할 경우 만드는 클래스입니다.

그럼 이제부터 코틀린에서는 어떻게 제네릭을 사용하는지 살펴보죠. 앞에서 이야기했듯이 코틀린은 자바에 근간을 두고 있어, 제네릭을 사용하는 방법은 자바와 같습니다. 하지만 자바보다 몇 가지 편리한 점이 추가되었습니다.

2.7.2 추론

제네릭에서 따로 타입을 정해주지 않아도 코틀린에서 추론으로 타입을 결정해줍니다.

예를 들어 살펴보죠. GenericClass 클래스가 생성자에서 T형을 받아 저장하고 getVariable() 함수는 그 값을 돌려주는 함수라고 가정해봅시다. 자바의 경우 Generic Class에 대한 타입을 적지 않았을 경우 아래와 같이 생성자에 String을 넘겨주었지만 자료형을 명시적으로 기입하지 않았기 때문에 기본적으로 Object를 지정하게 됩니다. 그래서 getVariable의 리턴값의 변수 타입이 String이더라도 타입 에러를 발생하게 됩니다.

```
String hello = "Hello world";
GenericClass generic = new GenericClass<>(hello);
String variable = generic.getVariable();
                      Incompatible types.
                      Required: java.lang.String
                      Found:    java.lang.Object
```

[그림 2-14] 자바에서는 타입을 명확히 지정하지 않는 경우 에러가 난다.

```
val hello = GenericSomthing("Hello world")
val variable:String = hello.getvariable()
```

[그림 2-15] 코틀린에서는 추론을 지원하여 에러가 발생하지 않는다.

하지만 코틀린에서는 제네릭에 타입을 명확히 기입하지 않아도 String으로 추론이 가능하므로 캐스팅 없이도 사용할 수 있습니다.

2.7.3 와일드 카드

제네릭 클래스를 설계할 때 모든 객체 대입이 가능하다는 의미로 와일드 카드 심볼 물음표(?)를 사용합니다. 코틀린에도 같은 의미로 사용이 가능합니다. 하지만 범위를 제한하는 방법이 자바와 다른데요, 자세히 알아보죠.

먼저 상위 제한을 설정하는 〈? extends T〉 타입을 살펴봅시다. 상위를 제한한다는 의
미가 무엇인지 Person 클래스 상속 구조 그림을 통해서 설명하겠습니다.

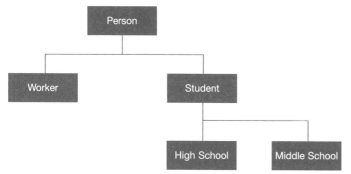

[그림 2-16] Person 클래스 상속 구조

PersonType이라는 제네릭 클래스를 만들다고 가정해보죠. 이 클래스에서 상위 제한
을 위해서 PersonType〈? Extend Student〉로 클래스를 제한한다면, High School과
Middle School 클래스만 사용할 수 있습니다. 이렇게 제네릭에서 사용하는 클래스를
제한을 둘 수 있습니다. 부모 클래스를 지정해주는 구조인 상위 제한 제네릭을 사용하
게 되면 읽기 전용 모드로 사용할 수 있습니다.

아래 제네릭 클래스를 복사하는 함수를 살펴볼까요?

```
public <T> void copy(List<T> dest, List<? extends T> src){

    for(T item: src){

        dest.add(item);

    }

}
```

src는 T를 상속 받은 리스트만 들어갈 수 있습니다. src 변수는 T를 상속하니 T를 상속한
어떤 오브젝트가 올지 알 수 없으므로 쓰기는 제한이 됩니다. 코틀린에도 자바에서 동일
한 개념으로 제네릭을 사용할 수 있지만 제한을 거는 방법이 조금 다른데요, 코틀린에서
는 〈? extends 〉를 사용하지 않고 out을 사용합니다. out은 output의 약자로 읽기만 가
능함을 의미합니다. 위의 함수를 코틀린으로 변경하면 다음과 같이 변경됩니다.

```
fun copy(dest:List<T>, src:List<out T>){

    for(item:T in src){

    }

}
```

그리고 위에서 살펴보았던 PersonType 클래스를 코틀린으로 선언하게 된다면 아래와 같겠죠?

```
class Person{

}
class PersonType<out Person>{

}
```

그리고 하위 제한을 지정하는 〈? super T〉 유형을 살펴봅시다. 하위 제한에서 대해서 앞에서 언급했던 Person 클래스 상속 구조 그림을 다시 보죠. PersonType 제네릭 클래스를 만드는데 이번엔 하위 제한을 지정하여 클래스를 만든다고 가정해봅시다. PersonType〈? super Worker〉로 클래스를 선언하게 되면 이 클래스는 Person 클래스 타입만 대입하여 사용할 수 있습니다. 이렇게 하위 클래스를 제한을 걸 수 있는데요, 하위 제한을 거는 와일드 카드를 함수에 적용하게 되면 쓰기 전용으로 사용할 수 있습니다.

아래 콜렉션 클래스의 fill 코드를 살펴보죠.

```
public static <T> void fill(List<? super T> list, T obj) {

    int size = list.size();


    if (size < FILL_THRESHOLD || list instanceof RandomAccess) {

        for (int i=0; i<size; i++)
```

```
            list.set(i, obj);

    } else {

        ListIterator<? super T> itr = list.listIterator();

        for (int i=0; i<size; i++) {

            itr.next();

            itr.set(obj);

        }

    }

}
```

첫 번째 인자로 받은 list는 ⟨? super⟩ 제네릭을 이용하여 하위 제한을 걸어 두었습니다. 이렇게 제한을 걸게 되면 올 수 있는 객체는 부모 클래스가 되니 쓰기가 가능합니다. 하지만 읽기의 경우 부모 클래스에 구현이 안 되어 있는 부분이 있을 수 있으므로 읽기는 불가능합니다. 이렇게 쓰기 전용 모드로 동작하게 되므로 코틀린에서는 input 모드라는 의미로 in을 사용하여 표현합니다. 코틀린으로 변경된 코드를 살펴보겠습니다.

```
fun <T> fill(list: List<in T>, obj: T) {

    val size = list.size
        // 생략

}
```

PersonType의 상위 제한 클래스를 코틀린으로 선언하게 된다면 아래와 같겠죠?

```
class Person{

}
class PersonType<in Person>{

}
```

2.7.4 임의적 생략

코틀린에서는 제네릭 클래스를 선언할 때 타입을 생략할 수 있는 경우와 생략할 수 없는 경우가 명확하게 나뉩니다. 제네릭 클래스를 선언할 때 기본 생성자를 통해서 선언한 타입을 받게 되는 경우는 자동으로 타입을 유추하여 생략이 가능하지만 아닌 경우는 에러가 발생합니다. 예제 코드를 보면 무슨 말이지 금방 이해할 수 있을 겁니다. 예제를 살펴보죠.

```
class GenericNoCon<G>{

}


class Generic<T>(val t:T){

}


class UserGeneric{

    fun use(){

        val gen = Generic(10)

        val noCon = GenericNoCon<Int>()

    }

}
```

Generic(10)으로 제네릭 클래스에서 어떤 클래스를 사용하는지 지정하지 않아도 코틀린은 Int형을 이용한다는 것을 유추할 수 있습니다. 그 이유는 Generic 클래스에서는 인자로 받은 타입을 Generic의 타입으로 쓰겠다고 선언해주었기 때문입니다. 하지만 GenericNoCon에서는 타입을 결정하는 부분이 없으므로 꼭 〈Int〉를 사용한다고 명시적으로 적어주어야 합니다.

2.8 그 밖의 유용한 함수들

코틀린에는 알아두면 코딩할 때 유용한 몇 가지 함수들이 있습니다. 이 함수들은 inline으로 선언되어 있어 컴파일 타임에 해당 코드가 삽입되어 컴파일되고, 코드를 간결하게 해주어 편리합니다. 하나씩 살펴보겠습니다.

2.8.1 apply()

apply 함수는 block으로 정의된 구간을 수행하고 apply를 사용한 객체를 다시 반환해줍니다. 아래 코드는 apply 함수가 어떻게 구현되어 있는지 알려주고 있는데요, 코드를 살펴보면 리턴값으로 선언했던 값을 돌려주는 걸 알 수 있습니다.

apply 함수 선언

```
fun <T> T.apply(block: T.() -> Unit): T { block(); return this }
```

apply 함수는 리턴값으로 인자를 넘겨 주므로 함수를 호출한 변수에서 속성값을 지정해서 사용할 때 편리합니다. 어떻게 사용하는지 예로 들어볼게요.

apply 함수를 사용하는 예

```
fun setWindowParam(){
    window.attributes = WindowManager.LayoutParams().apply {
        flags = WindowManager.LayoutParams.FLAG_DIM_BEHIND
        dimAmount = 0.8f
    }
}
```

앞은 커스텀 다이얼로그를 만들 때 다이얼로그 뒤의 Dim 값을 설정하는 코드입니다. apply 함수를 통해서 Window LayoutParam을 가져와 Dim 값을 설정하고 리턴 받은 값으로 다시 커스텀 다이얼로그의 window에 설정하는 코드죠. apply()를 사용함으로써 변수 선언 없이 LayoutParam을 설정했습니다.

2.8.2 run()

run 함수는 두 가지 형태로 사용할 수 있습니다. apply 함수처럼 객체에서 호출할 수도 있지만 run 함수 자체로 홀로 사용할 수도 있습니다. run 함수는 두 가지 경우 모두 block 코드에서 수행한 결과값을 리턴합니다.

run 함수 선언

```
fun <R> run(block: () -> R): R = block()
fun <T, R> T.run(block: T.() -> R): R = block()
```

어떻게 사용하는지 예를 살펴볼까요?

run 함수를 사용하는 예

```
convertView?.run {
    findViewById(R.id.add).setOnClickListener {
        Toast.makeText(context, "Clicked", Toast.LENGTH_SHORT).show()
    }
}
```

convertView가 null 값이 아니면 run 함수를 수행할 수 있도록 하는 코드를 간략하게 표현할 수 있습니다.

2.8.3 let()

let 함수는 객체를 통해서만 실행이 가능합니다. run과 유사한 코드이지만 block에 함수 부분을 보면 차이를 느낄 수 있습니다. this로 넘겨주어 it을 통해서 객체의 변수에 접근할 수 있습니다.

let 함수 선언

```
fun <T, R> T.let(block: (T) -> R): R = block(this)
```

let 함수를 사용하는 예

```
convertView.let{
    it.findViewById(R.id.add).setOnClickListener {
        Toast.makeText(context, "Clicked", Toast.LENGTH_SHORT).show()
    }
}
```

위의 함수에서 it이라고 선언한 부분에 대해서 이름을 따로 줄 수도 있습니다.

```
convertView?.let{view->
    view.findViewById(R.id.add).setOnClickListener {
        Toast.makeText(context, "Clicked", Toast.LENGTH_SHORT).show()
    }
}
```

2.8.4 with()

with 함수는 기존의 함수들과 다르게 넘기려는 객체를 괄호 안에 넣어 주고 {}를 수행
하도록 합니다. with()와 run()은 같다고 봐도 무방하지만 run()은 with()와 let()을
혼합해 놓은 함수입니다.

with 함수 선언

```
fun <T, R> with(receiver: T, block: T.() -> R): R = receiver.block()
```

with 함수를 사용하는 예제 코드

```
with(convertView){
    findViewById(R.id.add).setOnClickListener {
        Toast.makeText(context, "Clicked", Toast.LENGTH_SHORT).show()
    }
}
```

with 함수는 인자로 객체를 넘겨주기 때문에 내부에서 객체의 null 부분을 체크해주는
부분이 들어가야 합니다.

2.8.5 forEach()

forEach 함수는 for문과 같습니다. for문을 사용하지 않고 콜렉션에 바로 접근해서 사용할 수 있는데요, 예제를 살펴보면 좀더 이해가 빠를 것입니다.

forEach 함수를 사용하는 예제

```
listOf<String>("mike", "jim","harry").forEach {
    Toast.makeText(this, "find $it", Toast.LENGTH_SHORT).show()
}
```

listOf에 저장되어 있는 값들을 받을 때는 it을 이용하여 받을 수 있습니다. 그리고 아래 코드와 같이 Array의 index 값을 이용해야 될 때도 forEach 함수를 사용할 수 있습니다. for문을 사용할 때와 forEach 함수를 사용할 때를 비교해서 살펴봅니다.

for문을 이용하는 경우

```
fun getDataIndex(data: ArrayList<WeekList>):Int{
    val current:Long = Date().time
    for(i in 0..data.size-1)
    {
        if(current < data[i].dt.toLong())
        {
            return i
        }
    }
    return 0
}
```

forEach 함수를 이용하는 경우

```
fun getDataIndex(data: ArrayList<WeekList>):Int{
    val current:Long = Date().time
    (0..data.size -1).forEach { i ->
        if(current < data[i].dt.toLong())
        {
            return i
        }
    }
    return 0
}
```

데이터 범위를 i로 정의하여 i를 인덱스하여 사용하고 있습니다. i로 정의하지 않는다면 it을 사용하여 접근할 수 있는데요, index를 사용할 때는 (0~data.size-1)을 갖는 list 객체를 하나 더 생성하여 접근하여 앞과 같은 코드가 가능합니다.

2.8.6 onEach()

forEach 함수와 비슷하지만 {} 안에 취한 행동의 결과값을 넘겨준다는 측면에서 조금 더 편리합니다. 아래 코드를 살펴볼까요?

```
fun getListSize(list:Array<Person>):Int = list.filter { it.age >= 30 }
        .onEach { Toast.makeText(this, "Hello ${it.name}", Toast.LENGTH_SHORT).
show() }.size
```

list의 사이즈를 구하는 함수에서 나이가 30대인 사람에 대해서 Toast 메시지를 띄워주고 30세 이상인 list 값을 넘겨줘 size를 구하는 코드입니다. 이 부분을 자바로 작성하면 한 줄 안에 표현하기는 어려울 것입니다.

이 함수는 코틀린 1.1에서 추가된 함수이므로 버전이 1.1 미만인 환경에서는 사용할 수 없습니다.

2.8.7 filter()

filter 함수는 말 그대로 콜렉션에서 필터에 선언한 부분만 발췌하여 결과값을 넘겨주는 함수입니다. filter 함수를 사용할 때는 Boolean으로 결정할 수 있는 구문이어야 하는데요, 그래서 if문을 대체하여 사용할 수 있습니다. filter 함수는 boolean에서 true인 값을 담아서 list로 전달합니다.

다음 코드는 1부터 50까지의 홀수를 모두 더하는 함수입니다.

```
fun addOdd():Int{
    var result = 0;
    (1..50).filter { (it%2-1)==0 }.forEach { result+=it}
    return result
}
```

표시된 부분을 살펴보면 2로 나누어서 1을 뺄 경우 참이 되는 값에 대해서 filter 함수를 걸었습니다. 이 부분이 if를 이용하여 구현이 가능한 부분이기도 한데요, filter 함수로 걸러진 list 처리는 앞에서 배웠던 forEach 함수를 사용하면 간단하게 결과값을 구할 수 있습니다.

2.8.8 lazy()와 lateinit

클래스에서 전역 변수로 toolbar를 사용하고 싶다고 가정해보겠습니다. 이때 자바에서는 전역 변수로 toolbar를 선언하고 toolbar변수에 null로 초기화를 한 다음 사용해야 했습니다. 그래서 항상 null 체크를 해야 했죠. 하지만 코틀린에서 변수가 사용될 때 초기화를 할 수 있도록 lazy라는 함수가 있습니다. lazy는 단어에서도 알 수 있듯이 변수가 선언되는 시점에 초기화를 진행하지 않고 사용되는 시점에 생성이 되도록 합니다. 초기화 시점에 생성이 가능한 이유는 lazy 함수는 {}안의 코드를 실행하고 실행된 결과값을 기억하고 있다가 돌려주기 때문입니다. 어떻게 사용하는지 다음 예를 살펴보겠습니다.

```kotlin
class MainActivity : AppCompatActivity() {
    val toolbar: Toolbar by lazy {
        findViewById(R.id.toolbar) as Toolbar
    }

    override fun onCreate(savedInstanceState: Bundle?) {
    toolbar.setTitle("")
    }
}
```

lateinit도 lazy와 비슷한 역할을 합니다. 하지만 lateinit은 var에서 대해서만 사용이 가능합니다. 그리고 lateinit을 변수 선언 앞에 적어주도록 합니다. lazy코드를 lateinit 코드로 변경해 보면 다음과 같습니다.

```
class MainActivity : AppCompatActivity() {
    lateinit var toolbar: Toolbar

    override fun onCreate(savedInstanceState: Bundle?) {
        setContentView(R.layout.activity_main)toolbar =
            findViewById(R.id.toolbar) as Toolbartoolbar.setTitle("")
    }
}
```

정리하며

2장에서는 코틀린의 문법에 대해 알아보았습니다. 자바와 다른 부분에 대해서 집중해서 알아두어야 하지만, 보다보면 코틀린이 자바에 비해 현대 언어들이 갖고 있는 많은 장점을 채택한 것을 느낄 수 있을 것입니다. 코틀린 코딩에 좀 익숙해지면 null 체크가 물음표 기호 하나로 체크된다는 점이 코드도 줄일 수 있어 편리하다는 걸 알 수 있을 것이고, null 체크의 간편함 외에도 많은 장점들을 이용하면 간결하고 안정적인 프로그램을 만드는 데 코틀린은 좋은 언어임을 체감할 수 있으리라 생각합니다.

여기서 다룬 내용들은 기본적인 코틀린 문법입니다. 프로그램을 만들기에는 여기까지만 알아도 충분하지만 코틀린의 고급 스킬에 대해서 알고 싶다면 코틀린 홈페이지(https://kotlinlang.org/docs/reference/)를 살펴보는 것을 추천합니다. 코틀린 홈페이지에는 튜토리얼도 제공하고 있으며 API 레퍼런스도 찾아 볼 수 있어 유용합니다. 또한 코틀린의 최신 소식에 대해서는 코틀린 블로그 사이트(https://blog.jetbrains.com/kotlin/)를 참조하면 좋습니다.

다음 장부터는 학습한 문법을 안드로이드 앱을 만들 때 어떻게 적용하는지 예제를 통해서 차근차근 알아보겠습니다.

1. 다음의 자바 코드를 참조하여 2가지 타입의 생성자를 갖는 CustomAdapter 클래스를 만들어봅시다.

```
class CustomAdapter extends BaseAdapter {
    private Context mContext;
    private View.OnClickListener mOnClick;
    private ArrayList<String> mItemArray;

    CustomAdapter (Context context, ArrayList<String> itemArray)          {
        mContext = context;
        mItemArray = itemArray;
    }

    CustomAdapter (Context context, ArrayList<String> itemArray, View.
OnClickListener listener){
        mContext = context;
        mOnClick = listener;
        mItemArray = itemArray;
    }
}
```

2. 1부터 50까지 짝수만 더하여 결과를 리턴하는 함수를 만들어 봅시다.

3. ⟨2.5.1 타입 체크 is와 타입 캐스팅 as⟩에서 살펴보았던 setLayoutParam 함수의 if 문을 when문으로 다시 작성해봅시다.

```
fun setLayoutParam(view: View)
{
    if(view is LinearLayout)
    {
        var param : LinearLayout.LayoutParams = view.layoutParams as
LinearLayout.LayoutParams
        param.gravity = Gravity.BOTTOM
        view.layoutParams =  param
    }
    else if(view is RelativeLayout)
    {
        var param : RelativeLayout.LayoutParams = view.layoutParams as
RelativeLayout.LayoutParams
        param.addRule(RelativeLayout.ALIGN_PARENT_BOTTOM)
        view.layoutParams = param
    }
}
```

4. 아래의 자바 코드를 apply 함수를 사용하여 수정해봅시다.

```
private void setLayoutParam(View view){
    LinearLayout.LayoutParams params = (LinearLayout.LayoutParams) view.
getLayoutParams();
    params.gravity = Gravity.CENTER_VERTICAL;
    params.topMargin = 50;
    params.leftMargin = 50;

    view.setLayoutParams(params);
}
```

*해답은 http://github.com/kukuru/roadbook에 있습니다

국가 정보 소개하는 애플리케이션 만들기

03

2장에서 자바와 비교하여 꼭 알아두어야 할 코틀린 문법들을 알아보았습니다. 이 장에서는 살펴본 문법을 바탕으로, 나라 정보를 소개하는 간단한 애플리케이션을 만들어볼 텐데요. 예제 코드를 이용해서 코틀린 문법을 살펴보면서 애플리케이션을 제작해보면 문법을 숙지하는 것뿐만 아니라 코틀린 사용법 또한 쉽게 익힐 수 있을 것입니다. 외부 라이브러리를 추가하여 Json형식으로 저장된 국가 정보를 파싱하는 방법도 함께 살펴보겠습니다.

3.1 애플리케이션 및 개발 사양 소개

2장에서 배운 코틀린 기본 문법을 숙지하는 차원에서 간단한 애플리케이션을 만들어봅니다. 국가에 대한 간단한 정보가 보여지는 화면에서 클릭하면 세부적인 정보를 소개하는 프로그램인데요, 이 절에서는 어떤 애플리케이션을 개발할지에 대한 간단한 소개와 안드로이드 환경 설정에 대해 알아봅니다.

3.1.1 어떤 애플리케이션을 만들까?

2장에서 학습한 내용을 바탕으로 RecyclerView를 사용하여 국가 정보를 보여주는 프로그램을 만들어봅니다. 처음 화면에서는 국가에 대한 개략적인 정보를 보여주고 목록에 있는 아이템을 클릭하면 다음 화면에서 해당 국가에 대한 자세한 정보를 소개하는 애플리케이션입니다. 애플리케이션이 완성된 화면은 다음과 같습니다.

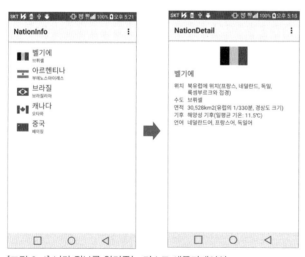

[그림 3-1] 나라 정보를 알려주는 리스트 애플리케이션

3.1.2 개발 포인트 및 개발 사양

표현되는 국가의 수가 적어 ListView를 써도 무방하지만 RecyclerView를 이용하는 이유는 ListView에 비해 RecyclerView 가지는 강점 때문입니다.

RecyclerVIew는 ListView와 달리 사용되는 아이템들의 자원관리를 RecyclerView 내부에서 처리해주어 개발자가 뷰View를 그릴 때 뷰의 재사용성에 대해 신경 쓰지 않아도 된다는 큰 장점을 가진 뷰입니다.

뷰의 재사용성에 대해 주의를 기울여야 이유가 있는데요, 뷰에서 담고 있는 내용이 클 경우 뷰를 재사용하지 않으면 리스트가 길어졌을 때 메모리에 리스트에 보여지는 모든 내용이 담겨 Out of Memory 에러가 날 수 있기 때문입니다.

개발 사양

안드로이드 개발에 필요한 개발 환경이 독자마다 다를 텐데요, 필자는 다음과 같이 환경을 기반으로 예제 프로그램을 작성했습니다.

- 안드로이드 스튜디오 2.3.3 버전
- 안드로이드 SDK 25버전

이어서, 다음과 같이 프로젝트를 생성했는데요, 프로젝트 이름은 개인에 따라 변경할 수 있으니 상황에 맞게 적절히 설정하기 바랍니다.

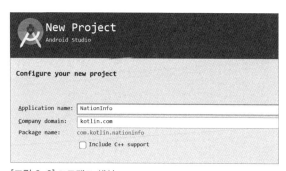

[그림 3-2] 프로젝트 생성

RecyclerView에 대해 알려주세요!

안드로이드는 상위 버전에서 사용하는 위젯이나 뷰에 대해서 하위 버전에서도 사용할 수 있게 하기 위해서 Support library를 제공하고 있습니다. 안드로이드에서 제공하는 Support library에는 다양한 버전이 있으며 버전마다 기능이 다른 것이 특징입니다. v4에서 v7으로 라이브러리를 교체한다고 해서 v4의 기능이 v7에 들어 있는 것이 아님을 주의해야 합니다.

RecyclerView는 Support library v7에 포함되어 있으며 리스트 아이템의 개수가 많아지는 경우 아주 유용합니다. 그 이유는 자주 사용하고 있는 ListView에서는 현재 사용자가 보고 있는 아이템의 재사용성 여부를 제어해주지 않으면 사용자가 현재 보고 있지 않은 뷰도 버리지 않고 메모리에 그대로 쌓아 두게 됩니다. 이렇게 뷰를 계속 쌓아 두면 결국에는 애플리케이션이 사용할 수 있는 메모리의 한계를 넘어가 Out of Memory Exception(OOM Exception)까지 날 수 있습니다. 하지만 RecyclerView에서는 LayoutManager에서 뷰의 사용성을 결정하여 사용자가 보고 있지 않은 뷰에 대해서는 재사용할 수 있도록 컨트롤 해줍니다.

그럼 이제 RecyclerView는 어떻게 구성되어 있는지 살펴보겠습니다. RecyclerView는 아래 그림과 같이 Layout Manager와 Adapter로 나눠 볼 수 있습니다.

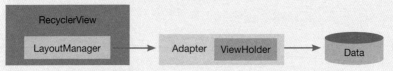

[그림 3-3] RecyclerView의 구조

그림에서 보듯이 데이터를 불러와서 데이터 셋을 구성하는 것은 Adapter에서 하고, 이를 RecyclerView에 그리는 것에 대하여 총괄하는 부분은 LayoutManager에서 하게 됩니다. LayoutManager는 리스트에서 사용자에게 보이지 않는 리스트 뷰들에 대해서 재사용 여부를 판단하여 Adapter에 리스트 아이템을 교체하도록 지시합니다. Adapter는 ViewHolder라는 구조체에 리스트 아이템에 대한 뷰를 갖고 있으며, LayoutManager에서 화면에 새로운 아이템 뷰를 그려야 될 때 onBindViewHolder를 호출하여 RecyclerView에 보여지도록 합니다.

3.2 프로젝트 만들기

안타깝게도 코틀린에서는 안드로이드 프로젝트를 만들 때 코틀린 프로젝트를 만들어주는 위저드가 존재하지 않습니다. 코틀린으로 프로젝트를 생성하는 위저드가 추가되기 전까지는 자바 위저드로 프로젝트를 만들고 코드를 코틀린으로 변경해주는 방법을 사용해야 합니다.

1장에서 자바 프로젝트를 코틀린 프로젝트로 변경하는 방법을 소개했는데요, 다시 한 번 자세히 살펴보겠습니다.

1. Empty Activity 만들기

Empty Activity를 클릭하고 원하는 이름으로 프로젝트를 하나 생성합니다. 기본 프로젝트를 하나 생성하고 나면 아래와 같이 소스트리가 구성되는데요, MainActivity.java와 activity_main.xml이 생성됩니다. 생성된 MainActivity는 자바 형식으로 구성된 것도 보이지요?

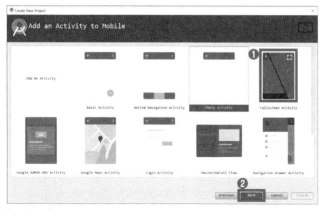

[그림 3-4] Empty Activity 만들기

[그림 3-5] 자바로 생성된 프로젝트 소스트리

2. 자바 코드를 코틀린 코드로 변경하기

[Code]-[Convert Java File to Kotlin File]을 선택해서 자바 파일들을 코틀린 파일로 변경합니다.

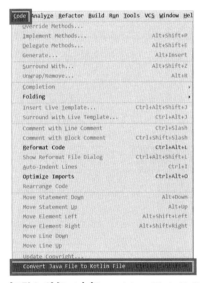

[그림 3-6] [Code]-[Convert Java File to Kotlin File]

소스코드가 바뀌면 다음 코드와 같이 extends 키워드가 사라지고 콜론(:) 기호를 통해서 Activity를 상속 받는 형태로 변경됩니다. 그리고 함수의 인자는 onCreate(savedInstanceState: Bundle?) 함수에서처럼, 인자의 이름이 앞에 오고 인자의 타입은 뒤에 오는 것을 볼 수 있습니다.

```
package com.kotlin.nationinfo

import android.os.Bundle
import android.support.v7.app.AppCompatActivity

class MainActivity : AppCompatActivity() {

    override fun onCreate(savedInstanceState: Bundle?) {
        super.onCreate(savedInstanceState)
        setContentView(R.layout.activity_main)
    }
}
```

자바 코드를 코틀린 코드로 바꾸면 다음 그림처럼 MainActivity 앞에 ▌(코틀린 마크)가 붙어 있는 것을 볼 수 있습니다.

[그림 3-7] 코틀린 코드로 생성된 프로젝트 소스트리

3. gradle 파일도 코틀린 컴파일이 가능하도록 변경하기

1장에서는 [find action]을 통해서 gradle 파일을 변경해주었는데요, 이 방법도 편리하지만 [Tool]-[Kotlin]-[Configure Kotlin in Project] 메뉴로도 코틀린 환경으로 변경할 수 있습니다.

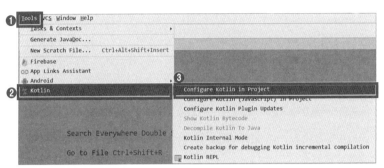

[그림 3-8] [Tools]-[Kotlin]-[Configure Kotlin in Project]

gradle 파일을 보면 아래와 같이 추가된 부분이 보일 것입니다. 1장에서 이미 변경된 gradle 전문을 소개했으므로, 여기서는 바뀐 부분만 살펴보겠습니다.

[예제 3-1] 코틀린 환경 설정 후 클래스 파일	NationInfo/app/build.gradle

```
apply plugin: 'com.android.application'
apply plugin: 'kotlin-android'

android {
    compileSdkVersion 25
    buildToolsVersion "25.0.2"
    defaultConfig {
        applicationId "com.example.kotlin.myapplication"
        minSdkVersion 15
        targetSdkVersion 25
        versionCode 1
        versionName "1.0"
        testInstrumentationRunner "android.support.test.runner.AndroidJUnitRunner"
    }
    buildTypes {
        release {
            minifyEnabled false
            proguardFiles getDefaultProguardFile('proguard-android.txt'), 'proguard-
rules.pro'
        }
    }
}
```

```
dependencies {
    compile fileTree(dir: 'libs', include: ['*.jar'])
    androidTestCompile('com.android.support.test.espresso:espresso-core:2.2.2', {
        exclude group: 'com.android.support', module: 'support-annotations'
    })
    compile 'com.android.support:appcompat-v7:25.3.1'
    compile 'com.android.support.constraint:constraint-layout:1.0.2'
    testCompile 'junit:junit:4.12'
    compile "org.jetbrains.kotlin:kotlin-stdlib-jre7:$kotlin_version"
}
repositories {
    mavenCentral()
}
```

플러그인으로 kotlin-android가 추가되었으며 컴파일할 때 kotlin-stdlib를 사용하라는 부분이 추가되었습니다. kotlin-stdlib-jre7을 궁금해 하는 독자도 계실텐데요, 이렇게 jre7이라고 명시하는 이유는 코틀린이 자바8도 지원하면서 jre-7, jre-8로 standard library를 나눠서 관리하고 있기 때문입니다. 필자는 아직 자바8로 업데이트를 하지 않아 jre-7 플러그인을 사용하였습니다. 현재 사용하고 있는 자바 버전에 따라 이름이 붙여지는 것이며, 구성이 진행될 때 코틀린이 자동으로 설정해 주는 부분이므로 신경 쓰지 않아도 무방합니다.

간략하게 project gradle 파일을 살펴보면, 가장 중요한 부분은 현재 코틀린 버전이 1.1.2-5 버전이라는 것과 코틀린 플러그인을 사용하고 있다는 부분 외에는 자바와 같습니다.

gradle 파일이 무엇인가요?

여기서 잠시 gradle 파일에 대해서 알아보겠습니다. gradle 파일은 프로젝트 폴더 아래에 있는 gradle 파일과 app 폴더 밑에 있는 gradle 파일로 나뉘어 있습니다.

프로젝트 폴더에 있는 gradle 파일을 project gradle이라고 하고, 프로젝트 빌드 전체에 영향을 주는 파일입니다. 그리고 app 폴더 밑에 있는 gradle 파일은 app gradle로, 애플리케이션 빌드에 영향을 주는 파일입니다.

앞으로 우리가 작성하게 될 애플리케이션은 대부분 app gradle 파일을 수정하게 되는데요, 하지만 코틀린 버전 정보는 프로젝트 전반적으로 설정하는 것이 효과적이어서 project gradle 파일에 코틀린 버전이 추가됩니다. 따라서 코틀린 버전에 대한 정보를 알아보려면 project gradle 파일을 살펴보면 됩니다.

3.3 코틀린 업데이트 확인하기

처음 환경을 구축할 때 최신 플러그인이 설치되겠지만 코틀린은 계속 발전하고 있는 언어라 코틀린 플러그인 업데이트를 확인해주는 것이 좋습니다.

코틀린 업데이트가 있을 경우 안드로이드 스튜디오에서 알려주기도 하지만 메뉴를 통해서 현재 최신 버전을 확인하는 방법을 알아두는 게 좋습니다. 자세히 알아볼까요?

1. 코틀린 플러그인 업데이트 메뉴 선택하기

[Tools]-[Kotlin]-[Configure Kotlin Plugin Updates] 메뉴를 선택합니다.

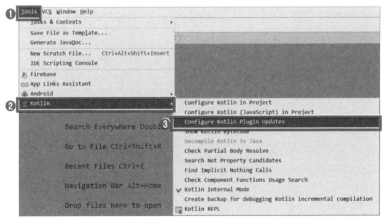

[그림 3-9] Kotlin Plugin Updates 메뉴

2. 채널 리스트 선택하기

그림과 같이 업데이트 채널을 선택하는 리스트가 나오는데요, 채널 리스트 중에 [Stable]을 선택하고 〈OK〉 버튼을 누릅니다.

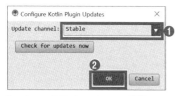

[그림 3-10] Update channel 옵션

[Stable]은 현재 안정적인 버전을 의미합니다. 그리고 〈Check for updates now〉 버튼을 누르면 현재 제공되는 최신 버전이 나옵니다. 현재 사용하고 있는 버전이 최신 버전보다 낮은 버전이라면 〈Install〉 버튼을 눌러 업데이트하면 됩니다. 이 메뉴에서는 코틀린 플러그인을 최신 버전으로 업데이트만 수행합니다. 최신 플러그인을 적용하는 것은 개발자의 몫이죠.

최신 버전을 적용할 때는 아래와 같이 project gradle의 ext.kotlin_version 부분을 수정해 주면 됩니다. 최신 버전이 있다면 수정하고 싱크 버튼을 눌러 코틀린 플러그인을 업데이트 해봅시다.

[예제 3-2] 코틀린 버전 변경하기 | NationInfo/build.gradle

```
buildscript {
    ext.kotlin_version = '1.1.2-5'
    repositories {
        jcenter()
    }
    dependencies {
        classpath 'com.android.tools.build:gradle:2.3.3'
        classpath "org.jetbrains.kotlin:kotlin-gradle-plugin:$kotlin_version"

    }
}

allprojects {
    repositories {
        jcenter()
    }
}

task clean(type: Delete) {
    delete rootProject.buildDir
}
```

3.4 RecyclerView 라이브러리 추가하기

RecyclerView는 support library 7에 추가되어 있는 컴포넌트로 기본 안드로이드 SDK에는 들어 있지 않습니다. 그래서 RecyclerView 라이브러리를 추가해주는 작업이 필요한데요. 실습해보겠습니다.

Support library를 추가하는 방법은 다른 라이브러리 등록 과정과 같아서, 나중에 필요한 라이브러리가 생기면 아래에서 소개하는 방법으로 필요한 라이브러리를 추가해줄 수 있습니다. 라이브러리를 추가해볼까요?

1. 프로젝트 설정 추가하기

프로젝트 이름에서 마우스 오른쪽 버튼을 눌러 메뉴 중 [Open Module Settings]를 클릭합니다. [Module Settings]는 프로젝트에 필요한 사항을 설정할 수 있는 메뉴입니다.

[그림 3-11] [Open Module Settings]로 프로젝트 설정 변경하기

2. 라이브러리 목록 보기

[Project Structure] 메뉴 중 제일 마지막 탭인 [Dependencies]를 클릭합니다. [Dependencies]는 프로젝트에 사용되는 라이브러리들을 확인할 수 있는 메뉴입니다.

[그림 3-12] [Dependencies] 탭에서 라이브러리 추가하기

3. 라이브러리 추가하기

화면 오른쪽 상단에 보면 [+][−] 버튼이 보이는데요, [+]를 클릭하고 [Library dependency] 메뉴를 클릭합니다.

[그림 3-13] [+] 버튼으로 라이브러리 추가하기

4. recyclerview 라이브러리 추가하기

라이브러리를 찾는 다이얼로그가 나오면 검색창에 'recyclerview'라고 입력하여 찾기 버튼을 누릅니다. 다음 그림처럼, 목록에 다양한 recyclerview가 존재하는데요, Google의 support 라이브러리를 찾아서 추가하도록 합니다.

[그림 3-14] recyclerview 라이브러리 검색 후 추가하기

5. 추가한 라이브러리 확인하기

이렇게 recyclerview를 추가하면, app gradle 파일에 recyclerview가 추가되었음을 확인할 수 있습니다.

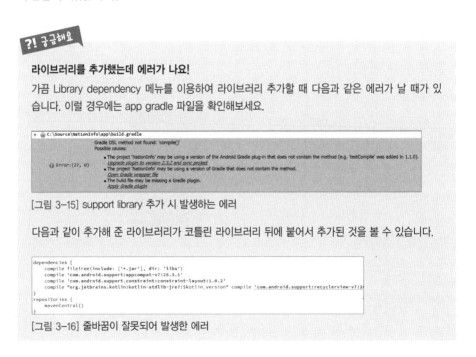

?! 궁금해요

라이브러리를 추가했는데 에러가 나요!

가끔 Library dependency 메뉴를 이용하여 라이브러리 추가할 때 다음과 같은 에러가 날 때가 있습니다. 이럴 경우에는 app gradle 파일을 확인해보세요.

[그림 3-15] support library 추가 시 발생하는 에러

다음과 같이 추가해 준 라이브러리가 코틀린 라이브러리 뒤에 붙어서 추가된 것을 볼 수 있습니다.

[그림 3-16] 줄바꿈이 잘못되어 발생한 에러

이럴 때는 다음 그림처럼 추가한 라이브러리를 줄을 맞춰주고 〈Try Again〉을 눌러서 다시 컴파일이 될 수 있도록 해봅니다.

```
dependencies {
    compile fileTree(include: ['*.jar'], dir: 'libs')
    androidTestCompile('com.android.support.test.espresso:espresso-core:2.2.2', {
        exclude group: 'com.android.support', module: 'support-annotations'
    })
    compile 'com.android.support:appcompat-v7:25.3.1'
    compile 'com.android.support.constraint:constraint-layout:1.0.2'
    testCompile 'junit:junit:4.12'
    compile "org.jetbrains.kotlin:kotlin-stdlib-jre7:$kotlin_version"
    compile 'com.android.support:recyclerview-v7:26.0.0-alpha1'
}
```

[그림 3-17] 줄 바꿈을 하고 싱크해주기

추가된 라이브러리의 라인을 맞췄지만 여전히 에러가 나면서 아래 그림과 같이 빨간 선이 생길 수 있는데요, 에러가 나는 이유를 살펴볼까요?

```
dependencies {
    compile fileTree(include: ['*.jar'], dir: 'libs')
    androidTestCompile('com.android.support.test.espresso:espresso-core:2.2.2', {
        exclude group: 'com.android.support', module: 'support-annotations'
    })
    compile 'com.android.support:appcompat-v7:25.3.1'
    compile 'com.android.support.constraint:constraint-layout:1.0.2'
    testCompile 'junit:junit:4.12'
    compile "org.jetbrains.kotlin:kotlin-stdlib-jre7:$kotlin_version"
    compile 'com.android.support:recyclerview-v7:26.0.0-alpha1'
}
```

[그림 3-18] 컴파일 SDK 버전과 support 라이브러리 버전 차이로 인한 에러

에러는 support 라이브러리의 버전이 compileSDKVersion이랑 맞지 않다고 표시하고 있습니다. 이렇듯 support 라이브러리를 추가할 때는 compileSDKVersion과 같은 버전을 추가해야 합니다. 자세한 라이브러리 버전은 appcompat 버전을 같게 설정해주면 됩니다.

상자를 참고했을 때 appcompat의 라이브러리 버전이 25.3.1이므로 recyclerview의 버전도 25.3.1로 맞춰 주고 〈Sync Now〉를 클릭하여 gradle 파일의 싱크를 맞춰 주도록 합니다.

```
Gradle files have changed since last project sync. A project sync may be necessary for the IDE to work properly.    Sync Now
21     }
22
23     dependencies {
24         compile fileTree(include: ['*.jar'], dir: 'libs')
25         compile "org.jetbrains.kotlin:kotlin-stdlib:$kotlin_version"
26         compile 'com.android.support:appcompat-v7:25.3.1'
27         compile 'com.android.support:recyclerview-v7:25.3.4'
28     }
29     repositories {
30         mavenCentral()
31     }
```

[그림 3-19] Sync Now를 이용하여 gradle 파일의 싱크맞추기

```
apply plugin: 'com.android.application'
apply plugin: 'kotlin-android'

android {
    compileSdkVersion 25
    buildToolsVersion "25.0.2"
    defaultConfig {
        applicationId "com.example.kotlin.nationinfo"
        minSdkVersion 15
        targetSdkVersion 25
        versionCode 1
        versionName "1.0"
        testInstrumentationRunner "android.support.test.runner.AndroidJUnitRunner"
    }
    buildTypes {
        release {
            minifyEnabled false
            proguardFiles getDefaultProguardFile('proguard-android.txt'), 'proguard-
rules.pro'
        }
    }
}

dependencies {
    compile fileTree(include: ['*.jar'], dir: 'libs')
    compile 'com.android.support.constraint:constraint-layout:1.0.2'
    compile "org.jetbrains.kotlin:kotlin-stdlib-jre7:$kotlin_version"
    compile 'com.android.support:appcompat-v7:25.3.1'
    compile 'com.android.support:recyclerview-v7:25.3.1'
}
repositories {
    mavenCentral()
}
```

물론 이런 방법을 사용하지 않고 gradle 파일에 직접 추가해주는 방법도 있습니다. 직접 라이브러리를 추가할 때에는 gradle 파일에 라이브러리를 추가하고 나면 반드시 싱크를 메뉴를 사용하여 gradle 파일에 추가한 내용을 적용시켜 주는 단계가 필요한데요. 싱크를 통해서 동기화를 해주어야 gradle에서 해당 라이브러리를 받아서 컴파일할 때 적용할 수 있기 때문입니다. 싱크는 [그림 3-20]의 ▨▨▨▨▨ 아이콘을 사용하거나 [Build]-[ReBuild Project] 메뉴를 이용할 수 있습니다.

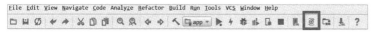

File Edit View Navigate Code Analyze Refactor Build Run Tools VCS Window Help

[그림 3-20] 싱크 버튼

[그림 3-21] [Build]-[ReBuild Project] 메뉴

3.5 레이아웃 파일 추가하기

RecyclerView에서 사용될 레이아웃 파일을 추가해봅니다. 레이아웃 파일을 추가하는 방법은
기존 안드로이드에서의 방식과 다르지 않습니다. 시작해볼까요?

1. 레이아웃 파일 추가하기

[layout]에서 마우스 오른쪽 버튼을 눌러 [New]-[Layout resource file]을 선택해 레
이아웃을 추가합니다.

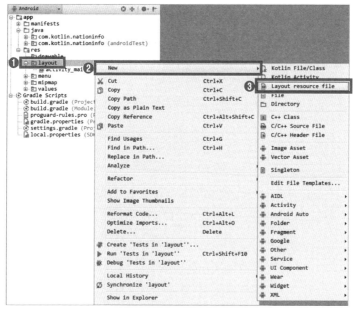

[그림 3-22] 레이아웃 파일 추가

아래와 같이 가로 방향의 아이템과 세로 방향의 아이템이 동시에 존재하는 레이아웃을 구성할 때는 LinearLayout이 아닌 RelativeLayout을 사용하여 레이아웃을 구성하는 것이 좀더 편리한데요. 레이아웃 구성은 독자의 성향에 따라 LinearLayout으로 구성해도 무방합니다.

[그림 3-23] 리스트 아이템의 구성

2. root element 설정하기

레이아웃을 추가할 때 기본적으로 LinearLayout으로 root element가 정해져 있으므로 RelativeLayout으로 Layout root를 변경했습니다. 다음 그림처럼 파일 이름과 root element를 설정했으면 〈OK〉를 누르고 레이아웃을 추가해줍니다.

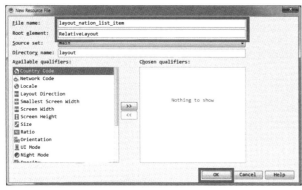

[그림 3-24] root element 설정

3. 레이아웃 구성하기

xml 파일을 추가한 후, [그림 3-23] 리스트 아이템의 구성 그림처럼 레이아웃을 구성해봅니다.

필자가 작성한 레이아웃을 보면, RelativeLayout에서는 기준이 되는 뷰에서 상대적인 위치를 조정할 수 있어 기준을 국기 이미지로 하고 국기 ImagaView 오른쪽에 나라 이름과 수도 이름 TextView를 추가했습니다.

[예제 3-4] RecycleView 아이템 레이아웃 작성하기	res/layout/layout_nation_list_item.xml

```xml
<?xml version="1.0" encoding="utf-8"?>
<RelativeLayout
    xmlns:android="http://schemas.android.com/apk/res/android"
    android:layout_width="match_parent"
    android:layout_height="48dp"
    android:gravity="center_vertical">
    <ImageView
        android:id="@+id/img_flag"
        android:layout_width="32dp"
        android:layout_height="32dp"
        android:layout_alignParentLeft="true"
        android:layout_margin="10dp"/>
    <TextView
        android:id="@+id/text_name"
        android:layout_width="wrap_content"
        android:layout_height="wrap_content"
        android:layout_toRightOf="@+id/img_flag"
        android:text="Nation"
        android:textSize="20dp"/>
    <TextView
        android:id="@+id/capital"
        android:layout_width="wrap_content"
        android:layout_height="wrap_content"
        android:layout_below="@+id/text_name"
        android:layout_toRightOf="@+id/img_flag"
        android:text="capital"
        android:textSize="12dp"/>
</RelativeLayout>
```

3.6 RecyclerView Adapter 클래스 작성하기

RecyclerView에 들어갈 아이템 레이아웃을 완성하였으니 Adapter 클래스를 추가하겠습니다.
RecyclerView도 리스트 뷰의 한 종류이므로 Adapter 클래스로 리스트 아이템을 표시합니다.

1. Adapter 클래스 추가하기

안드로이드에서는 여러 Adapter를 제공하지만 RecyclerView를 사용할 때는
RecyclerView.Adapter를 사용해야 합니다. 먼저, 클래스를 추가하는 방법은 안드로
이드에서 사용하던 방법과 다르지 않은데요, 패키지에 이름에서 마우스 오른쪽 버튼을
클릭하여 [Kotlin File/Class]를 선택합니다.

[그림 3-25] Adapter 클래스 추가

2. 이름 및 파일 타입 설정하기

다음 그림과 같이 [New Kotlin File/Class] 창에서 클래스 이름을 적고 꼭 'Class'를
선택해야 합니다. 기본으로 파일의 종류가 'File'로 선택되어 있으므로 이름만 적고
〈OK〉 버튼을 누르면 아무것도 없는 빈 파일이 생성되기 때문입니다. 만약 'File'로
생성했더라도 클래스 이름을 정의해주면 자동으로 클래스 파일로 바뀌니 걱정하지
마세요.

[그림 3-26] 파일 종류를 Class로 변경하는 화면

3. RecyclerView Adapter 클래스 작성하기

RecyRecyclerView를 사용해 본 독자들은 알겠지만 RecyclerView에서는 Layout
Manager를 꼭 설정해줘야 합니다. 이 작업이 빠지면 뷰가 그려지지 않으니 유념하세요.
필자가 작성한 RecyclerView의 Adapter인 NationAdapter 파일을 함께 살펴볼까요?

[예제 3-5] RecyclerView Adapter 클래스 작성하기 | java/main/com/kotlin/nationinfo/NationAdapter.kt

```kotlin
package com.kotlin.nationinfo

/**
 * Created by nanjui on 2016. 9. 10..
 */
import android.content.Context
import android.support.v7.widget.RecyclerView
import android.view.LayoutInflater
import android.view.View
import android.view.ViewGroup
import android.widget.ImageView
import android.widget.TextView

data class NationData (                                      ❶
var resId:Int,
var name:String,
var capital:String)
```

```
class ViewHolder(view:View) : RecyclerView.ViewHolder(view) ----------------------- ❷
{
    val img_flag : ImageView = view.findViewById(R.id.img_flag) as ImageView
    val txt_name : TextView = view.findViewById(R.id.text_name) as TextView
    val txt_capital : TextView = view.findViewById(R.id.capital) as TextView
}


class NationAdapter (val context:Context, --------------------------------------- ❸
val items:List<NationData>):RecyclerView.Adapter<ViewHolder>() ------------------- ❹
{
    private var onItemClick:View.OnClickListener? = null

    override fun onCreateViewHolder(parent: ViewGroup?, viewType: Int): ViewHolder? {
        val mainView : View = mInflater.inflate(R.layout.layout_nation_list_item,
parent, false)
        mainView.setOnClickListener(onItemClick) --------------------------------- ❻-❶
        return ViewHolder(mainView)
    }

    override fun onBindViewHolder(holder: ViewHolder, position: Int) {
        holder.img_flag.setImageResource(items[position].resId)
        holder.txt_capital.text = items[position].capital
        holder.txt_name.text = items[position].name
        holder.txt_name.tag = position
    }

    override fun getItemCount(): Int = items.size ------------------------------- ❺

    fun setOnItemClickListener(l:View.OnClickListener) -------------------------- ❻
    {
        onItemClick = l
    }
}
```

❶ data 클래스 생성하기

NationData 클래스 앞에는 data라는 키워드를 붙여서 data 클래스를 생성하여 나라의 정보를 저장하는 클래스를 만들었습니다. 자바에서는 data 클래스도 일반 클래스와 똑같이 취급되어 데이터 클래스 파일을 만들고 get/set 함수들을 생성해 주어야 되지만 코틀린에서는 data 클래스 선언만으로 간단하게 만들 수 있어 편리합니다. ImageView를 그릴 때 Adapter를 호출하는 Activity에서 Drawable 객체에 대한 정보를 전달할 때 Adapter에 resId만 넘겨주고 Adapter 클래스에서 리소스를 로드하게 하는 방법은 Activity에서 Drawable 객체를 모두 로드하여 메모리에 들고 있지 않아도 되어 효율적입니다.

❷ RecyclerView 아이템이 될 뷰를 저장하는 클래스 만들기

ViewHolder 클래스를 생성하여 RecyclerView아이템이 될 뷰를 저장하는 클래스를 만들었습니다. RecycleView를 사용하기 위해서 꼭 필요한 클래스인데요, RecyclerView에서는 ViewHolder에 저장된 뷰를 이용해서 리스트 아이템을 구성합니다. 저자가 작성한 ViewHolder 클래스를 잘 살펴보면 기본 생성자에 View 객체를 인자로 받도록 되어 있는데요, 이는 상속 받은 부모 클래스 RecycleView. ViewHolder의 기본 생성자가 View를 인자로 받도록 설계되어 있어 RecycleView.ViewHolder를 상속받는 자식 클래스의 기본 생성자에는 꼭 View 인자를 넘겨 줘야 합니다.

❸ NationAdapter 클래스 파라미터 선언하기

NationAdapter 파라미터를 보면 파라미터 앞에 val 키워드가 있는 것이 보일 것입니다. 굳이 val 키워드를 적지 않아도 파라미터 값은 기본적으로 val이 됨을 이미 알고 있을테니, 저 val은 지워도 무방합니다.

❹ 파라미터가 없는 기본 생성자

❷에서 언급했던 내용과 다르게 부모 클래스 RecycleView.Adapter 클래스는 기본 생성자에서 인자를 받지 않기 때문에 NationAdapter에서 부모 클래스를 위한 인자를 받지 않아도 됩니다.

❺ 한 줄로 함수 표현하기

getItemCount는 단순하게 item의 개수만 리턴하는 간단한 함수이므로 한 줄로 표현이 가능합니다. 코틀린에서는 리턴에 대한 선언을 함수의 끝에 하기 때문에 함수 본문을 추가하지 않는 문법이 가능하죠.

❻ RecyclerView item click 함수 선언하기

RecyclerView에는 다른 리스트뷰들이 갖는 onItemClick 함수가 존재하지 않습니다. 그래서 리스트 item이 클릭됐을 때 실행해 주는 onClick 함수를 개발자가 만들어 주어야 하는데요, 그래서 저는 Adapter 클래스에 setOnItemClickListener 함수를 만들어 Adpater를 설정하는 Activity에서 onClick 함수를 설정해 주도록 했습니다. 그리고 ❻-❶처럼 onCreateViewHolder에서 뷰를 설정할 때 Activity에서 설정한 onClick 함수를 설정하여 모든 뷰에서 같은 onClick 함수를 호출하도록 했습니다.

3.7 MainActivity 클래스 작성하기

MainActivity 클래스를 완성해봅니다. 화면에 나오는 국기에 대한 이미지는 필자가 GitHub에 추가해 두었으나 이 이미지를 사용하지 않고 인터넷에서 직접 찾아 추가해도 괜찮습니다. 이미지는 res 폴더 아래 drawable 폴더에 추가해서 사용하도록 하세요.

3.7.1 MainActivity 레이아웃 작성하기

먼저 레이아웃을 만들어보겠습니다. MainActvity 레이아웃은 RecyclerView로 국가 정보 리스트를 보여주도록 작성해봅니다. 다음 activity_main.xml은 필자가 작성한 파일입니다. RelativeLayout을 사용하긴 했지만 독자에 따라 LinearLayout을 사용해도 상관 없습니다.

[예제 3-6] MainActivity 레이아웃 작성하기 | res/layout/activity_main.xml

```
<RelativeLayout
    xmlns:android="http://schemas.android.com/apk/res/android"
    xmlns:tools="http://schemas.android.com/tools"
    android:layout_width="match_parent"
    android:layout_height="match_parent"
    android:padding="16dp"
    tools:context=".MainActivity">

    <android.support.v7.widget RecyclerView
        android:id="@+id/nation_list"
        android:layout_width="match_parent"
        android:layout_height="wrap_content">
    </android.support.v7.widget.RecyclerView>

</RelativeLayout>
```

3.7.2 MainActivity 클래스 작성하기

레이아웃을 모두 작성했으면 이제 MainActivity 클래스를 작성해봅니다.

MainActivity에서는 앞에서 만들어 두었던 NationAdatper 클래스에 데이터를 설정해 주고 RecyclerView와 Adapter를 연결해주는 코드가 들어가야 합니다. 다음 코드는 필자가 작성한 MainActivity 클래스인데요, 어떻게 클래스를 완성했는지 살펴볼까요?

[예제 3-7] MainActivity 클래스 작성하기	java/main/com/kotlin/nationinfo/MainActivity.kt

```
package com.kotlin.nationinfo

import android.content.Intent
import android.os.Bundle
import android.support.v7.app.AppCompatActivity
import android.support.v7.widget.LinearLayoutManager
import android.support.v7.widget.RecyclerView
import android.view.View
import android.widget.TextView

class MainActivity : AppCompatActivity(), View.OnClickListener {            ❹
    override fun onCreate(savedInstanceState: Bundle?) {
        super.onCreate(savedInstanceState)
        setContentView(R.layout.activity_main)

        recycleListView = findViewById(R.id.nation_list) as RecyclerView    ❶

        recycleListView.layoutManager = LinearLayoutManager(this)           ❷

        adapter = NationAdapter(this, listOf(                               ❸
                NationData(R.drawable.l_flag_belgium, "벨기에","브뤼셀"),
                NationData(R.drawable.l_flag_argentina, "아르헨티나","부에노스아이레스"),
                NationData(R.drawable.l_flag_brazil, "브라질","브라질리아"),
                NationData(R.drawable.l_flag_canada, "캐나다","오타와"),
                NationData(R.drawable.l_flag_china, "중국","베이징")))

        adapter.setOnItemClickListener(this)                                ❹
        recycleListView.adapter = adapter
    }

    override fun onClick(v: View?) {                                        ❹-❶
        val textView:TextView = v?.findViewById(R.id.text_name) as TextView
        val name = textView.text?:"None"
        val intent = Intent(this,NationDetailActivity::class.java)          ❺
        intent.putExtra(NationDetailActivity.EXTRA_NATION_NAME, name);
```

```
        startActivity(intent)
    }

}
```

---

❶ 코틀린 타입 캐스팅 as

as는 타입 캐스팅(type casting)을 할 때 사용하는 키워드입니다. 자바에서 괄호를 이용하여 타입 캐스팅을 하던 방식과 같은 방법입니다.

❷ 새로운 객체 선언하기

예제를 보면 자바에서 객체를 생성하기 위해 사용한 new 키워드가 보이지 않는데요. 이렇듯 코틀린에서는 new를 생략하고 클래스 선언만으로 새로운 객체가 생성됩니다.

❸ 읽기 전용 콜렉션 구조체 listOf 활용하기

listOf는 자료를 저장하는 구조체 중 하나입니다. 이 외에도 arrayListOf, hashMapOf 등이 있습니다. listOf는 읽기 전용 구조체이므로 리스트에 있는 내용을 Adapter에서 변경할 수 없습니다. 이렇게 변경할 수 없는 구조체를 사용하여 개발자가 의도치 않게 자료를 변경하여 발생할 수 있는 에러를 문법적으로 차단했습니다. 2장에서도 설명했듯이 수정이 가능한 콜렉션 객체를 만들기 원한다면 앞에 mutable을 붙인 객체들을 사용하면 됩니다.

❹ RecyclerView item 클릭 함수 등록하기

NationAdatper의 setOnItemClickListener()에서 onClick 함수를 선언할 때 onClick 함수를 inline으로 만들어서 사용할 수 있지만 이렇게 MainActivity에서 interface 함수를 선언하게 되면 MainActivity에서 onClick 함수에 관한 모든 동작들은 한 곳에서 처리가 가능해집니다. onClick 함수는 ❹-❶처럼 오버라이드가 선언되면서 함수로 구현하게 되는데요. 이번 예제에서는 onClick 함수를 사용하는 곳이 Adapter의 ItemClick 함수 한 곳이지만 onClick 함수를 MainActivity 여러 곳에서 사용할 경우 유용합니다. 아직 onClick 함수에서 사용하고 있는 NationDetailActivity 클래스가 없어 에러가 날 텐데요, NationDetailActivity 클래스는 뒤에서 작성할 것이니 걱정하지 않아도 됩니다.

❺ 코틀린 클래스와 자바 클래스 호환하여 사용하기

Intent 클래스를 생성하는 부분에 ..class.java를 사용한 것을 볼 수 있습니다. MainActivity가 코틀린으로 만든 함수이지만, 기존의 Intent 클래스는 자바로 만들어졌으므로 코틀린 클래스를 자바로 변경할 때 사용합니다. 앞으로 ::class.java는 코틀린으로 생성된 클래스를 자바 클래스에 넘겨줄 때 사용하면 됩니다.

string-array를 사용하여 어떻게 리소스를 관리하나요?

MainActivity에서 listOf로 Adapter에 들어갈 데이터를 구성하는 과정에서 NationData(R.drawable. *l_flag_belgium*, "벨기에","브뤼셀")와 같이 국가의 국기 resource ID를 직접 넣어서 만듭니다. 이렇게 구현을 해도 상관은 없지만 나중에 유지보수를 할 경우 소스코드를 수정하는 데 있어 번거롭고 ResId를 여러 곳에서 사용한다면, 수정할 때 놓치는 경우가 발생하기도 합니다.

가령, 국가를 하나 더 추가할 경우 국가 이미지를 사용한 부분을 일일이 찾아서 추가해 주어야 합니다. 그래서 이럴 때는 array에 resource ID를 모아서 저장해두고 해당 ID로 불러서 사용하는 방법이 유용합니다. 어떻게 사용하는지 살펴볼게요.

1. **array xml 파일 만들기:** values 폴더에 array 리소스만 모아서 저장할 수 있도록 xml 파일을 하나 만들겠습니다. 파일 추가는 values 폴더를 클릭한 후, 마우스 오른쪽 버튼을 눌러 나오는 메뉴에서 [New]-[XML]-[Values XML File]를 선택합니다.

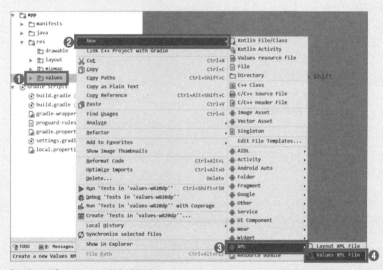

[그림 3-27] array xml 파일 만들기

2. **xml 파일 이름 설정하기:** 원하는 대로 xml 파일 이름을 정해도 되지만, 보통 arrays.xml로 사용하니 arrays. xml로 설정합니다.

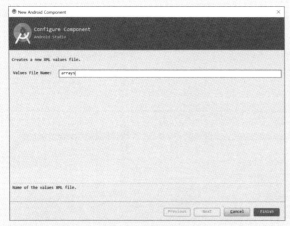

[그림 3-28] arrays.xml로 파일 이름 설정하기

3. **추가할 국가의 문자열 배열 추가하기:** 여기에 국기 drawable id를 갖고 있는 array를 아래와 같이 하나 추가하면 됩니다.

```xml
<?xml version="1.0" encoding="utf-8"?>
<resources>
    <array name="nation_flag">
        <item>@drawable/l_flag_belgium</item>
        <item>@drawable/l_flag_argentina</item>
        <item>@drawable/l_flag_brazil</item>
        <item>@drawable/l_flag_canada</item>
        <item>@drawable/l_flag_china</item>
    </array>
</resources>
```

이외의 String 문자에 대해서도 배열을 사용하여 관리할 수 있습니다. 이럴 경우에는 〈string-array〉 태그를 사용하여 관리할 수 있습니다.

이렇게 만들어진 배열을 사용할 때는 Resource id를 typed array로 받아서 사용해야 하는데요, 그 방법은 다음과 같습니다.

```kotlin
var typedArray:TypedArray =resources.obtainTypedArray(R.array.nation_flag)
var resourId:Int = typedArray.getResourceId(0, -1)

var flagImg:ImageView = ImageView(this)
flagImg.setImageResource(resourId)
```

getResourceId에서 index를 통해서 ResId를 받아 올 수 있으므로 for문으로 모든 리소스를 한꺼번에 가져올 수 있습니다.

3.8 국가 상세 정보 저장하고 표시하기

MainActivity의 RecyclerView에서 아이템을 클릭하면 해당 국가에 대한 상세 정보를 제공하는 NationDetailActivity 클래스를 작성해보겠습니다. MainActivity는 아이템이 클릭되어 NationDetailActvity를 실행시킬 때 현재 클릭된 아이템이 무엇인지 NationDetailActivity로 알려주고, 아이템에 해당하는 국가 정보를 보여줄 수 있어야 할 것입니다.

3.8.1 정보를 저장하는 방식에는 어떤 것이 있을까?

상세 정보를 제공하려면 국가에 대한 정보를 어딘가에 저장하고 있는 상태여야 합니다.

애플리케이션 내부에 저장할 수도 있고 필요한 정보가 인터넷 어딘가에 있다면 가져와서 보여 줄 수도 있겠는데요, 이번 프로젝트에서는 국가에 대한 정보를 애플리케이션 내부에 저장하여 사용하도록 하겠습니다.

정보를 저장하는 방법에는 DB를 사용하는 방법, 파일을 이용하는 등 여러 가지가 있지만 이번 프로젝트에서는 파일을 이용하여 데이터를 저장하는 방법을 적용합니다. 파일에 자료를 저장할 때는 일정한 형식을 갖고 있어야 자료를 읽어서 보여줄 때 편리한데요, 여러 가지 방법으로 자료를 저장할 수 있겠으나 필자는 Json 방식을 선택했습니다.

Json은 인터넷에서 자료를 교환할 때 사용하는 형식이지만 자료를 파일에 저장하고 읽을 때도 쉽게 사용할 수 있는 데이터 저장 방식입니다. 안드로이드에서 애플리케이션 내부에서 사용할 데이터는 assets 폴더에 넣어 사용하는데요, assets 폴더를 만들고 파일을 추가해보겠습니다.

3.8.2 assets 폴더 생성 후 Json 파일 추가하기

1. assets 폴더 생성하기

assets 폴더는 프로젝트를 생성할 때 자동으로 생성되는 폴더가 아니므로 개발자가 직접 추가해야 합니다. 그림과 같이 [New]-[Folder]-[Assets Folder] 메뉴를 선택하면, assets 폴더가 생성됩니다.

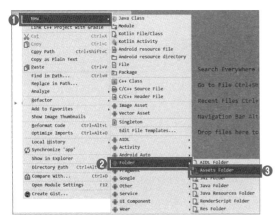

[그림 3-29] assets 폴더 만들기

이렇게 생성된 assets 폴더는 app/src/main/ 폴더 아래에 생성됩니다.

[그림 3-30] 생성된 assets 폴더 트리

안드로이드 스튜디오의 메뉴를 통해서 assets 폴더를 만들 수도 있지만 assets 폴더가 생성되는 위치만 알고 있다면 직접 assets 폴더를 만들어도 무방합니다.

2. Json 파일 생성하기

assets 폴더에 들어가는 Json 파일을 만들어보겠습니다. assets 폴더에 커서를 가져가서 마우스 오른쪽 버튼 클릭한 후 [File] 메뉴를 누릅니다.

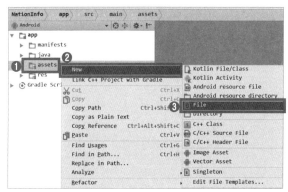

[그림 3-31] Json 파일을 만들기 위해 파일 추가하기

파일을 만들 때는 확장자를 Json으로 해주면 Json 형식 파일로 저장됩니다. 제가 Json 파일을 만들어두었는데요, 이 Json 파일은 GitHub에 업로드했으니 다운로드하여 사용하도록 합니다.

[그림 3-32] 파일 이름과 확장자 설정

[예제 3-8] 국가 정보 Json 파일 작성하기		assets/nation_data.json

```
{
"data":[
    {
    "name":"벨기에",
    "capital":"브뤼셀",
    "location":"북유럽에 위치(프랑스, 네덜란드, 독일, 룩셈부르크와 접경)",
    "volume":"30,528km2(유럽의 1/330분, 경상도 크기)",
    "weather":"해양성 기후(일평균 기온: 11.5℃)",
    "language":"네덜란드어, 프랑스어, 독일어"
    },
    {
```

```
      "name":"아르헨티나",
      "capital":"부에노스아이레스",
      "location":"남아메리카 대륙 남동쪽,  남위 23°~55°,  서경 54°~74°",
      "volume":"2,780,400km2(한반도의 약 12.5배,  남한의 약 28배)",
      "weather":"북부-아열대,  중부-온대,  남부-한대",
      "language":"스페인어"
    },
    {
      "name":"브라질",
      "capital":"브라질리아",
      "location":"남아메리카 대륙 중앙",
      "volume":"851만 4876.599㎢(남미대륙의 47.3%,  한반도의 약 37배,  세계 5위)",
      "weather":"열대,  아열대,  온대 기후가 폭넓게 분포",
      "language":"포르투갈어"
    },
    {
      "name":"캐나다",
      "capital":"오타와",
      "location":"서경 95° 00\",  북위 60° 00\" 북위 41°선과 북극권 사이에 위치한 한랭지역",
      "volume":"997만 610㎢(육지면적 921만 5,430㎢)(세계 2위,  한반도의 약 45배)",
      "weather":"한랭지역에 있으나 국토가 넓어 기후차가 심하다.",
      "language":"영어·프랑스어 알파벳"
    },
    {
      "name":"중국",
      "capital":"베이징",
      "location":"동경 73°~135°,  북위 23°~53°32´",
      "volume":"약 960만㎢(한반도의 44배,  세계 4위)",
      "weather":"남단의 열대에서 서부의 건조기후,  동북삼성의 냉대에 이르기까지 지구상의 다양한 기후",
      "language":"한어"
    }
  ]
}
```

nation_data.json 파일의 데이터를 구조는 다음 그림과 같습니다.

```
{
      data : [

              { key : String value,
                  · · ·
                key : String value},

              {key : String value,
                  · · ·
                key : String value}
              {key : String value,
                  · · ·
                key : String value}
      ]
}
```

[그림 3-33] nation_data.json 데이터 구조

object를 하나 만들어서 그 안에 key 이름이 data인 배열을 하나 추가하고, 배열의 내용은 다시 여러 개의 객체들로 구성되어 있습니다.

배열 안의 object에 들어가는 내용은 나라의 이름, 수도, 위치, 나라의 면적, 날씨와 언어 정보입니다.

캐나다

위치　서경 95° 00", 북위 60° 00" 북위 41°선과 북극
　　　권 사이에 위치한 한랭지역

[그림 3-34] String value 중 쌍따옴표를 넣어야 되는 경우

그리고 [그림 3-34]처럼 String value 중에 쌍따옴표(")를 써야 되는 경우 ₩(백슬래시)를 이용하면 Json 파서는 쌍따옴표를 String value의 시작이 아닌 기호 쌍따옴표로 인식합니다.

nation_data.json 파일 중 캐나다 정보 중 아래 내용과 같이 쌍따옴표(")를 사용하는 경우 사용할 수 있습니다.

```
"name":"캐나다",
      "capital":"오타와",
      "location":"서경 95° 00\", 북위 60° 00\" 북위 41°선과 북극권 사이에 위치한 한랭지역",
```

Json을 사용할 때, value 값의 끝을 알려주는 콤마 위치가 아주 중요한데요, 콤마를 빠트리거나 잘못 찍게 되면 파싱할 때 에러가 나니 조심해서 추가해야 합니다.

?! 궁금해요

Json에서 대해서 알려주세요.
JavaScript Object Notation의 준말로 데이터 교환 방식의 일종입니다. XML에 비해서 데이터 포맷이 경량화되어 서버와 데이터를 주고 받을 때 데이터의 양이 줄고 데이터를 파싱하는 시간도 HTML에 비해 단축되어 인터넷상에서 많이 사용되는 데이터 교환 방식입니다.

Json 구성은 "key":"value"의 값으로 표현되는데요, value 영역에 들어가는 자료형은 number, boolean, string, array, object가 있습니다. 각 자료형에 대해서 살펴보겠습니다.

string

string은 쌍따옴표 안에 들어가는 자료형입니다. 백슬래시(₩)를 이용하여 string에 들어가는 "(쌍따옴표)도 표현 가능합니다.

```
{
    "lang":"\" Json \""
}
```

number

number는 일반적으로 우리가 사용하는 숫자는 모두 사용 가능합니다. 하지만 8, 16 진수는 사용할 수 없습니다.

object

object는 "key":"value"의 값으로 표현되는 데이터 set를 의미합니다. Json 내부에서는 {}로 표현되는데요, 여러 가지 값이 들어갈 때는, 콤마를 이용해서 자료를 구분할 수 있습니다.

```
{
    'name':'중국',
    'capital':'베이징'
}
```

array

array는 []를 이용하여 표현합니다. array에 들어가는 가는 값은 int, string, object 모든 값이 가능합니다.

```
{
    'name':'중국',
    'capital':'베이징'
    'city':[{'name':'상하이',
            'population':24000000
            },
            {'name':'청도',
             'population':8380000
             },]
}
```

3.8.3 Gson 라이브러리 사용하기

Json 형식의 파일은 데이터 포맷이 경량화 되어 간편하게 사용할 수 있지만 파일 형식으로 저장되어 있어 자료를 읽을 때 개발자가 파싱$_{parsing}$(가공되지 않는 데이터에서 특정한 문자열을 추출하는 작업)을 직접 해줘야 하는데요. 요즘엔 Json을 파싱해주는 라이브러리들이 많습니다. 그 중에 이 예제에서는 Gson 라이브러리를 사용하려고 합니다.

Gson 라이브러리는 Json을 파싱하기 위해 구글 내부에서 사용하던 라이브러리였으나, 지금은 모든 사람이 사용할 수 있도록 공개되어 있어 무료로 사용할 수 있습니다. Gson은 Json 파일이 구성된 방식대로 클래스를 만들어 Gson에 넘겨주면 Gson은 Json 파일을 파싱하여 클래스 형식으로 데이터를 채워서 넘겨주는 것이 장점입니다.

Gson 라이브러리는 "Open Module Setting" 메뉴를 이용하면 손쉽게 추가하여 사용할 수 있는데요. 라이브러리 선택 화면에서는 Gson 단어를 이용하여 검색하고 검색 결과에서 아래 그림과 같이 구글에서 만든 Gson을 선택하고 추가해주면 됩니다. 라이브러리를 추가한 다음 싱크를 맞춰주는 작업을 잊지 않고 꼭 해주세요.

[그림 3-35] Gson 라이브러리 추가하기

Gson을 사용하기 위해 nation_data.json 파일을 클래스로 표현하면 아래와 같이 변경이 가능합니다.

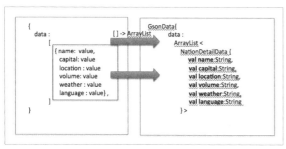

[그림 3-36] Json 파일을 클래스로 만들기

위의 데이터 구조를 코틀린 데이터 클래스로 변경해볼까요?

다음은 필자가 작성한 NationDetailData의 데이터 클래스 구조입니다. 여기서 일부 독자 중에 클래스 이름과 파일이 다른 것을 알아차리는 분이 있을 텐데요. 코틀린에서는 파일과 클래스가 같지 않습니다. 그래서 파일에 여러 클래스가 들어가더라도 빌드 에러가 나지 않습니다. 그 이유는 코틀린에서는 빌드의 개념이 클래스 단위가 아니라 모듈 전체를 컴파일하기 때문입니다.

[예제 3-9] 국가 상세 정보 화면 Adapter 클래스 작성하기 | java/main/com/kotlin/nationinfo/NationData.kt

```
package com.kotlin.nationinfo
import java.util.*

data class NationDetailData (val name:String,
                             val capital:String,
                             val location:String,
                             val volume:String,
                             val weather:String,
                             val language:String)

data class GsonData(val data:ArrayList<NationDetailData>)
```

3.9 NationDetailActivity 작성하기

NationDetailData 클래스와 Gson을 어떻게 사용하는지 NationDetailActivity 클래스를 완성하면서 살펴보겠습니다. NationDetailData를 사용하려면 assets 폴더에서 nation_data.json 파일을 읽어오는 부분이 필요하고, 읽어온 데이터를 이용하여 화면에 그려주는 부분이 필요할 텐데요, 본격적으로 작성해볼까요?

1. 레이아웃 xml 파일 작성하기

Acvitity 클래스 작성하기에 앞서 layout xml 파일을 작성합니다. 다음 그림과 같이 읽어온 데이터를 표시할 때 테이블 레이아웃을 사용하면 쉽게 표시할 수 있습니다.

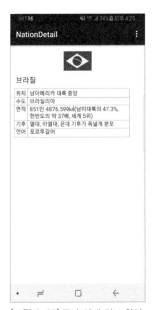

[그림 3-37] 국가 상세 정보 화면

```xml
<LinearLayout xmlns:android="http://schemas.android.com/apk/res/android"
    xmlns:tools="http://schemas.android.com/tools"
    android:layout_width="match_parent"
    android:layout_height="match_parent"
    android:padding="16dp"
    android:orientation="vertical">
    <ImageView
        android:id="@+id/img_flag"
        android:layout_width="100dp"
        android:layout_height="50dp"
        android:layout_gravity="center_horizontal"
        android:layout_marginBottom="10dp"/>
    <TextView
        android:id="@+id/txt_name"
        android:layout_width="match_parent"
        android:layout_height="wrap_content"
        android:layout_marginBottom="10dp"
        android:textSize="20dp"/>

    <TableLayout
        android:id="@+id/detail_table"
        android:layout_width="match_parent"
        android:layout_height="wrap_content">
        <TableRow>
            <TextView
                android:layout_width="wrap_content"
                android:layout_height="wrap_content"
                android:text="위치"
                android:textSize="15dp"
                android:layout_marginRight="10dp"/>
            <TextView
                android:id="@+id/location"
                android:layout_width="0dp"
                android:layout_height="wrap_content"
                android:layout_weight="1"
                android:textSize="15dp"
                android:layout_marginRight="10dp"/>
        </TableRow>
        <TableRow>
            <TextView
                android:layout_width="wrap_content"
                android:layout_height="wrap_content"
                android:text="수도"
                android:textSize="15dp"
                android:layout_marginRight="10dp"/>
            <TextView
                android:id="@+id/capital"
                android:layout_width="0dp"
                android:layout_height="wrap_content"
                android:layout_weight="1"
```

```
                    android:textSize="15dp"
                    android:layout_marginRight="10dp"/>
        </TableRow>
        <TableRow>
            <TextView
                android:layout_width="wrap_content"
                android:layout_height="wrap_content"
                android:text="면적"
                android:textSize="15dp"
                android:layout_marginRight="10dp"/>
            <TextView
                android:id="@+id/volume"
                android:layout_width="0dp"
                android:layout_height="wrap_content"
                android:layout_weight="1"
                android:textSize="15dp"
                android:layout_marginRight="10dp"/>
        </TableRow>
        <TableRow>
            <TextView
                android:layout_width="wrap_content"
                android:layout_height="wrap_content"
                android:text="기후"
                android:textSize="15dp"
                android:layout_marginRight="10dp"/>
            <TextView
                android:id="@+id/weather"
                android:layout_width="0dp"
                android:layout_height="wrap_content"
                android:layout_weight="1"
                android:textSize="15dp"
                android:layout_marginRight="10dp"/>
        </TableRow>
        <TableRow>
            <TextView
                android:layout_width="wrap_content"
                android:layout_height="wrap_content"
                android:text="언어"
                android:textSize="15dp"
                android:layout_marginRight="10dp"/>
            <TextView
                android:id="@+id/language"
                android:layout_width="0dp"
                android:layout_height="wrap_content"
                android:layout_weight="1"
                android:textSize="15dp"
                android:layout_marginRight="10dp"/>
        </TableRow>
    </TableLayout>
</LinearLayout>
```

테이블 레이아웃은 TableRow가 가로줄 즉, 행을 의미하여 TableRow 태그에 들어가는 각 요소가 표의 컬럼으로 표시됩니다. 그래서 필자는 5개의 TableRow에 2개의 TextView를 사용하여 테이블 레이아웃을 완성했습니다.

2. NationDetailActivity 클래스 작성하기

레이아웃을 완성했으니 assets 폴더에서 데이터를 불러와 레이아웃에 표시하는 Nation DetailActivity 클래스를 만들어봅니다. 다음은 필자가 작성한 코드입니다. 코드를 살펴볼까요?

[예제 3-11] 국가 상세 정보 화면 클래스 작성하기 | java/main/com/kotlin/nationinfo/NationDetailActivity.kt

```kotlin
package com.kotlin.nationinfo

import android.os.Bundle
import android.support.v7.app.AppCompatActivity
import com.google.gson.Gson
import com.google.gson.GsonBuilder
import kotlinx.android.synthetic.main.activity_nation_detail.*          ❶
import java.io.InputStream
import java.io.InputStreamReader

class NationDetailActivity : AppCompatActivity() {
    companion object {                                                  ❷
        val EXTRA_NATION_NAME = "nation_name"
    }

    override fun onCreate(savedInstanceState: Bundle?) {
        super.onCreate(savedInstanceState)
        val nation = intent.getStringExtra(EXTRA_NATION_NAME)           ❸
        setContentView(R.layout.activity_nation_detail)
        val data:NationDetailData? = getDataFromName(nation)
        img_flag.setImageResource(getResourId(nation))                  ❹
        initView(data)
    }

    private fun getDataFromName(selected:String):NationDetailData?
    {
        val gson:Gson = GsonBuilder().create()
        val inputStream:InputStream = assets.open("nation_data.json")
        val reader:InputStreamReader = InputStreamReader(inputStream)
        val detailData = gson.fromJson(reader, GsonData::class.java)     ❺
```

```kotlin
        for(data in detailData.data)                                          ⑥
        {
            if(selected.equals(data.name))
            {
                return data
            }
        }

        return null
    }

    private fun getResourId(selected: String) : Int
    {
        var resourId:Int = 0
        when(selected)                                                        ⑦
        {
            "벨기에"->{
                resourId = R.drawable.l_flag_belgium
            }
            "아르헨티나"->{
                resourId = R.drawable.l_flag_argentina
            }
            "브라질"->{
                resourId = R.drawable.l_flag_brazil
            }
            "캐나다"->{
                resourId = R.drawable.l_flag_canada
            }
            "중국"->{
                resourId = R.drawable.l_flag_china
            }
            else->{
                resourId = 0
            }
        }
        return resourId
    }

    private fun initView(data:NationDetailData?)
    {
        txt_name.text = data?.name
        capital.text = data?.capital
        volume.text = data?.volume
        weather.text = data?.weather
        language.text = data?.language
        location.text = data?.location
    }
}
```

❶ 코틀린 Extensions 추가하기

kolinx는 코틀린 Extensions는 사용하기 위해서 임포트했습니다. Extensions는 xml에 정의된 뷰를 findViewbyId 함수를 사용하지 않고 id를 이용하여 바로 접근하여 사용할 수 있도록 도와주는데요, Extensions를 추가하는 방법은 아래의 "Kotlin Extensions 라이브러리를 추가하는 방법을 알려주세요." 를 참고하기 바랍니다.

❷ Companion object 사용하기

코틀린에서는 static이라는 키워드가 없습니다. 대신 이와 비슷하게 companion object{}를 사용해서 static을 대체하는데요, { } 안에 선언된 변수 내용들은 static처럼 동작합니다. 즉, 프로젝트 어디서든 불러서 사용할 수 있습니다.

❸ 클래스 변수 접근하기

Activity 인자로부터 getIntent()를 하지 않고 intent라고 적어도 getIntent()와 똑같이 동작합니다. 코틀린에서 변수에 대해서는 get/set 함수를 제공하지 않고 직접 변수명을 사용하여 접근이 가능하다고 설명했습니다.

❹ Extensions 사용하여 xml view 사용하기

img_flag 변수는 이미지 뷰이지만 소스코드 중에 findViewbyId 함수를 사용한 흔적이 없습니다. 이는 Kotlin Extensions 라이브러리를 사용했기 때문입니다. Kotlin Extensions는 레이아웃에서 id로 선언한 뷰에 대해서 findviewbyid 함수를 사용하지 않고 id를 이용해서 해당 뷰를 불러 쓸 수 있도록 해줍니다. initView 함수는 Extensions 사용으로 간편하게 view id에 접근하여 뷰 설정을 해주었습니다.

Kotlin Extensions 라이브러리를 추가하는 방법을 알려주세요.

Kotline Extensions는 gradle 파일 수정을 통해서 간단하게 추가할 수 있습니다. 아래와 같이 app gradle 파일 윗부분에 플러그인 설정을 해주는 부분에서 android extensions를 쓰겠다고 선언만 해주면 됩니다. 선언한 후 〈Try Again〉을 클릭해주거나 싱크를 맞춰주는 것을 잊지 마세요.

[NationInfo/app/build.gradle]

```
apply plugin: 'com.android.application'
apply plugin: 'kotlin-android'
apply plugin: 'kotlin-android-extensions'

android {
    compileSdkVersion 25
    buildToolsVersion "25.0.2"
```

```
    defaultConfig {
        applicationId "com.example.kotlin.nationinfo"
        minSdkVersion 15
        targetSdkVersion 24
        versionCode 1
        versionName "1.0"
        testInstrumentationRunner "android.support.test.runner.AndroidJUnitRunner"
    }
    buildTypes {
        release {
            minifyEnabled false
            proguardFiles getDefaultProguardFile('proguard-android.txt'),
'proguard-rules.pro'
        }
    }
}

dependencies {
    compile fileTree(dir: 'libs', include: ['*.jar'])
    compile 'com.android.support:appcompat-v7:25.3.1'
    compile 'com.android.support.constraint:constraint-layout:1.0.2'
    compile "org.jetbrains.kotlin:kotlin-stdlib-jre7:$kotlin_version"
}
repositories {
    mavenCentral()
}
```

❺ Gson 라이브러리 사용하기

Gson을 사용할때 Json 형태로 저장되어 있는 데이터를 Json 형식에 맞춰서 data 클래스를 만들어 주면 한 줄로 Json 데이터를 클래스화 시킬 수 있습니다. Gson을 사용할 때 가장 중요한 부분은 Json의 key 이름과 데이터 클래스의 변수 이름이 같아야 하는 점인데요, Gson의 데이터 클래스를 사용하는 방법은 앞에서 설명했는데 이해가 가지 않는 독자라면 앞의 "3.9.2 Gson 라이브러리 사용하기" 부분을 다시 보기를 권합니다.

❻ for문 사용하기

for문 사용 방법이 자바와는 조금 다르게 구현되어 있습니다. 이전에는 for문을 위한 index의 자료 형태도 적어주었으나 코틀린에서 이 부분이 생략되어 있습니다. 그 이유는 in 키워드 뒤에 나오는 자료형에 따라서 index 값을 자동으로 변환해주기 때문입니다. 지금은 detailData.data.size의 사이즈를 사용했으므로 i의 자료형은 자동으로 Int로 변환됩니다. 이 코드에서는 detailData.data.size를 사용하였지만 ArrayList에서 제공해주는 interator를 이용하여 for문을 사용하는 경우도 코틀린으로 표현이 가능한데요, 다음 코드를 살펴봅니다.

```
for(data in detailData.data)
{
    if(selected.equals(data.name))
    {
        return data
    }
}
```

위와 같이 코드를 작성하게 되면 data는 자동으로 NationDetailData로 형 변환이 일어납니다. 그리고 코틀린에서는 String 타입에 대해서도 == (equal)을 지원하는데요, 그래서 위의 코드를 다시 아래와 같이 변경할 수 있습니다.

```
for(data in detailData.data)
{
    if(selected == data.name)
    {
        return data
    }
}
```

❼ when문 사용하기

자바에서 사용하던 switch case문이 코틀린에서는 when으로 대체되었습니다. 다음은 자바에서 사용하던 방식으로 when문으로 대체해서 표현한 코드입니다. 하지만 코틀린의 when은 자바에서 사용하던 switch문 보다 많은 것을 표현할 수 있는데요, 아래 예제를 살펴볼까요?

```
private fun isEvenNumber(num:Int) = when{
    num%2 == 0 -> true
    else -> false
}
```

간단한 연산을 when문에서 수행할 수 있습니다. 코틀린에서 when은 switch문과 if문을 함께 사용할 수 있다고 보면 됩니다.

안드로이드 애플리케이션에서 가장 기초적인 코딩이자 새로 생긴 Activity를 Manifest 파일에 추가하는 일도 잊지 말도록 합니다. 다음의 필자의 Manifest 파일을 참고하세요.

```xml
<?xml version="1.0" encoding="utf-8"?>
<manifest xmlns:android="http://schemas.android.com/apk/res/android"
    package="com.kotlin.nationinfo" >

    <application
        android:allowBackup="true"
        android:icon="@mipmap/ic_launcher"
        android:label="@string/app_name"
        android:theme="@style/AppTheme" >
        <activity
            android:name=".MainActivity"
            android:label="@string/app_name" >
            <intent-filter>
                <action android:name="android.intent.action.MAIN" />

                <category android:name="android.intent.category.LAUNCHER" />
            </intent-filter>
        </activity>
        <activity
            android:name=".NationDetailActivity">
        </activity>
    </application>

</manifest>
```

애플리케이션을 위한 모든 프로그램을 작성했습니다. 이제 프로그램을 컴파일하고 에뮬레이터나 스마트폰을 이용하여 애플리케이션을 실행시켜 보세요. 애플리케이션이 제대로 동작한다면 다음 이미지와 같을 것입니다.

[그림 3-38] 애플리케이션의 완성 화면

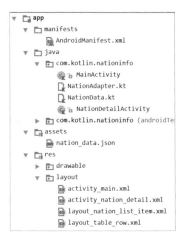

[그림 3-39] 완성된 소스코드 트리

정리하며

간단한 예제를 통해서 학습했던 코틀린 문법들이 애플리케이션을 작성할 때 어떻게 표현되는지 살펴보았습니다. 비교적 간단한 기능을 담은 예제라 코틀린에 대한 장점을 많이 보지 못했을 수 있겠는데요. 하지만 변수형에 수정이 불가능하도록 만든 자료형을 보면 코틀린에서는 프로그래머가 의도치 않은 자료 변경을 할 수 없도록 문법적으로 제한을 둔 것을 확인했을 것입니다. 이런 제한들이 어떻게 보면 불필요해 보일 수도 있습니다. 하지만 다중 쓰레드를 사용하거나 변수들의 변화에 대해서 민감한 프로그래밍을 할 때 안정적인 프로그램이 되도록 도와줍니다. 또한 when을 보면 자바에서 한 번에 하나만 표현하도록 했다면, 코틀린은 현대 언어가 그러하듯이 한 번에 다양하게 표현할 수 있도록 했습니다.

코드를 따라하면서 기존에 안드로이드를 개발하는 방법과 많이 다르지 않음을 알 수 있을 텐데요. 자바로 개발하던 안드로이드와 달라진 키워드만 빨리 익힌다면 코틀린으로 안정적인 프로그램을 만들 수 있으리라 생각합니다. 새로운 언어에 빨리 적응하기 위해서는 다양한 예제 코드를 작성해 보는 방법이 가장 좋은 방법입니다. 앞으로 이어질 예제를 통해서 코틀린에 쉽게 적응해보세요!

1. MainActivity.kt 클래스의 아래 코드를 코틀린 extensions를 이용하여 xml의 id로 바로 접근하도록 수정해봅니다.

```
var recycleListView = findViewById(R.id.nation_list) as RecyclerView

recycleListView.layoutManager = LinearLayoutManager(this)
recycleListView.adapter = adapter
```

2. For와 when을 사용하여 1부터 50까지 더하고 모두 더한 값이 홀수인지 짝수인지를 알려주는 함수를 작성해봅니다.

*해답은 http://github.com/kukuru/roadbook에 있습니다

사용자 등록 애플리케이션 만들기

04

이번 장에서는 데이터베이스에 정보를 저장하는 방법을 코틀린으로 구현해봅니다. 기존의 Sqlite DB를 사용하는 방법과 코틀린 Anko 라이브러리를 사용하는 두 가지 방법을 살펴볼 텐데요, 데이터베이스에 대한 기초적인 정보는 이 장에서 다루지 않을 것이므로, 데이터베이스에 대해 전혀 모르는 독자라면 다른 책에서 그에 대한 전반적인 지식을 파악한 후에 이 책을 보기를 권합니다. 안드로이드에서 데이터베이스를 설정하는 방법과 API를 다루는 데 있어 코틀린에서는 어떻게 사용하는지를 알아봅니다.

4.1 사용자 등록 애플리케이션 및 개발 사양 소개

이번 장에서는 사용자의 간단한 인적정보를 데이터베이스에 저장하고 저장된 정보를 데이터베이스에서 읽어 다시 사용자에게 보여주는 사용자 등록 프로그램을 작성해봅니다. 기존의 안드로이드 Sqlite DB를 사용하는 방법을 이용하는 방법과 코틀린 Anko라는 라이브러리를 이용해서 Sqlite DB를 사용하는 방법 두 가지를 살펴보겠습니다.

4.1.1 어떤 애플리케이션을 만들까?

이번 장에서는 애플리케이션은 사용자의 정보를 저장하고 저장된 정보를 보여주는 애플리케이션을 구현해봅니다. 이름, 나이와 전화번호에 관한 정보를 기본적으로 저장하고 사용자가 원할 경우 사진을 등록할 수 있도록 할 예정입니다. 자세한 화면은 다음 그림과 같은데요. 사용자가 사진을 추가하지 않으면, 안드로이드에서 제공하는 기본 이미지를 사용하도록 설계하겠습니다.

[그림 4-1] 저장된 정보를 보여주는 리스트 화면(좌)/정보를 입력하는 화면(우)

4.1.2 개발 사양 소개

환경 설정과 프로그램 작성에 앞서 다음의 환경으로 애플리케이션을 작성했습니다.

- 안드로이드 스튜디오 2.3.3 버전
- 안드로이드 SDK 버전은 25

필자는 다음과 같이 프로젝트를 생성했는데요, 프로젝트 이름은 독자에 따라 변경이
가능합니다.

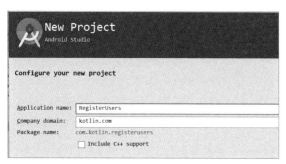

[그림 4-2] 프로젝트 생성

4.2 툴바 사용하기

안드로이드에서 제공하는 위저드로 MainActivity를 만들면 제일 상단에 앱 이름을 보여주는 타이틀이 생기는 것을 볼 수 있습니다. 이 상단 부분을 API 20 버전까지는 액션바(ActionBar)라는 이름으로 사용했고, API 21 버전부터는 툴바로 정의하여 사용하고 있는데요. 이 절에서는 툴바로 애플리케이션을 만들어보겠습니다.

4.2.1 툴바가 뭐지?

툴바Toolbar 영역은 안드로이드 초기 버전에는 액티비티의 이름을 알려주는 용도로 사용했습니다. 하지만 화면에 표현되어야 하는 기능이 많아지자 일부 앱에서 툴바 영역에 아이콘을 이용하여 기능을 추가하도록 디자인이 되자 안드로이드 플랫폼에서 툴바에 메뉴 기능을 추가하여 사용할 수 있도록 툴바 기능이 추가되었습니다. 메뉴 기능은 화면에 아이콘으로 보여 줄 수도 있고 ⋮ 아이콘을 이용하여 한 곳에 모아서 보여 줄 수도 있습니다.

?! 궁금해요

API 레벨이 무엇인가요?

안드로이드 애플리케이션을 개발하다 보면 버전에 대한 다양한 단어들을 들을 수 있습니다. 흔히 사용하는 단어들이 마시멜로우(Marshmallow)나 누가(Nugat) 같은 이름입니다. 그리고 6.1, 6.0, 7.0 같은 숫자들도 사용하기도 하는데요, 마시멜로우와 같이 디저트 이름이 붙은 것을 버전 코드라고 하며 사용자들에게 새로운 버전에 대해 쉽게 기억하기 위해 붙여진 이름입니다. 그리고 SDK 버전을 6.1이나 7.0 등의 숫자로 표현됩니다. 마지막으로 API 20, API 21 같은 API 레벨은 새로운 기능을 가진 함수나 클래스들이 추가될 때 그 버전이 올라가게 됩니다. 개발할 때 지원하는 함수나 클래스에 따라 이 API를 확인하여 사용해야 하죠. 또한 안드로이드 앱을 만들다 보면 API 레벨에 따라 동작하는 방식이 다르거나 Deprecated(삭제된)되는 API들이 있어 API 레벨에 따라 코딩을 달리해야 되는 경우가 발생하게 되니 API 버전을 꼭 확인해야 합니다.

이번 장에서는 툴바에 사용자의 정보를 저장하는 화면을 호출하는 아이콘을 추가해보 겠습니다. 이미 생성된 Activity에 툴바가 생성되지만 우리는 Support library를 추가 하여 툴바를 구현할 것입니다.

이미 안드로이드 OS에서 제공하고 있는 API를 사용하지 않고 라이브러리를 다시 추 가하는 작업이 왜 필요한지 의문이 들기도 할 텐데요, 이런 수고로움을 감수하는 이유 는 앞에서 잠깐 설명한 대로 툴바는 안드로이드 API 21(롤리팝) 버전에서 제공되는 기 능입니다. 만약 이 애플리케이션이 설치되고 사용되는 핸드폰의 안드로이드 OS 버전 이 툴바를 제공하지 않는 API 20(키캣) 버전이라면 그 사용자는 안드로이드 버전이 달 라 툴바 기능을 제공할 수 없기 때문입니다. 그래서 모든 사용자에게 같은 환경을 제공 하기 위해서 Support library를 사용하여 구현하는 것입니다.

Support library에 대해 생각이 나지 않는 독자는 3장을 참고하세요.

Support library를 사용한다고 하더라도 구현 방법이 복잡해지거나 성능이 떨어지는 것은 아니니 걱정할 필요는 없습니다. Support library는 안드로이드 위저드를 통해서 생성한 프로젝트에는 기본적으로 추가되어 있으니, 설명 없이 바로 넘어가겠습니다. Support library가 추가되어 있는지 잘 모르겠다면, app gradle 파일에서 아래와 같 은 라이브러리가 추가되어 있는지 확인해보세요.

```
compile 'com.android.support:appcompat-v7:25.3.1'
```

1. xml 파일 추가하기

먼저 툴바를 사용하기 위해서 메뉴의 구성과 보여지는 방법에 대한 설정을 담은 xml 파일을 추가해 주어야 합니다. xml 파일의 이름은 임의로 정할 수 있으며 필자는 main.xml로 설정했습니다. 안드로이드는 menu 폴더에 있는 xml 파일에 대해서만 메뉴 항목으로 인식하므로 메뉴 xml 파일을 res/menu에 만들어 주어야 합니다. xml 파일에 대해서 접근할 때는 R.menu._your_id를 이용할 수 있습니다.

2. Resource file 만들기

그럼 이제 menu 폴더를 만들고 메뉴 파일을 추가해봅니다. Resource file 만들기 메뉴를 이용하면 필요한 폴더와 파일을 한꺼번에 만들 수 있습니다. 다음 그림과 같이 res 폴더에서 마우스 오른쪽을 버튼을 눌러 [Android resource file] 메뉴를 선택합니다.

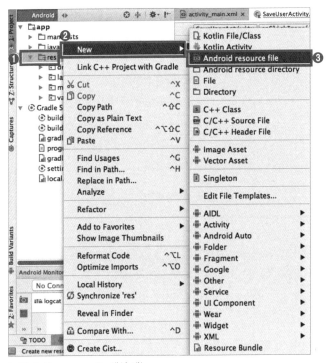

[그림 4-3] resource file 생성 메뉴

다음과 같이 파일 이름을 물어보는 상자가 나타납니다. 이때 [Resource Type]을 'menu'로 선택해주면 menu 폴더가 생성되면서 [File name]에 적은 이름의 파일이 생성됩니다. 필자는 파일명을 main으로 설정했습니다.

[그림 4-4] Menu 추가 설정 다이얼로그

3. 추가된 main.xml 파일에 메뉴 추가하기

메뉴는 개요에서 잠깐 이야기한 것처럼, 사용자를 추가하는 Activity를 실행하기 위한 메뉴 아이템을 추가해야 합니다. 필자가 작성한 main.xml을 살펴보겠습니다.

[예제 4-1] 메뉴 레이아웃 추가하기 | res/menu/main.xml

```xml
<?xml version="1.0" encoding="utf-8"?>
<menu xmlns:android="http://schemas.android.com/apk/res/android"
    xmlns:app="http://schemas.android.com/apk/res-auto">

    <item android:title="add"
        android:id="@+id/add_user"
        android:icon="@android:drawable/ic_input_add"
        app:showAsAction="always" />

    <item android:title="anko"
        android:id="@+id/anko"
        android:icon="@android:drawable/ic_dialog_dialer"
        app:showAsAction="ifRoom" />
</menu>
```

Memu에 들어가는 아이콘 하나당 item이라는 tag로 묶어서 표현할 수 있습니다. title 이라는 옵션은 아이템이 아이콘으로 표현될 수 없을 경우 보여질 텍스트입니다. 그리고 이 title을 설정해 주어야 시각 장애를 가진 분들이 사용하는 TTS(텍스트 음성 변환) 기능에서도 툴바에 있는 기능을 읽을 수 있습니다.

icon은 아이템을 표시하는 이미지를 지정하는 속성입니다. 그리고 menu에서 가장 중요한 속성은 showAsAction입니다. 이 속성값으로 인해서 아이콘이 보여질 수도 숨겨질 수도 있는데요. 첫 번째 menu item의 showAsAction은 always이고 두 번째 menu item은 ifRoom이라고 설정되어 있는 것을 볼 수 있습니다. always라고 설정되어 있으면 툴바의 공간에 상관없이 무조건 아이콘을 표시하라는 의미입니다. Activity 제목이 길어지면 제목이 축약되면서 제목이 잘릴 수 있습니다. 두 번째 ifRoom이라는 옵션은 말 그대로 툴바에 공간이 있으면 아이콘으로 보여지고 공간이 부족하면 ⋮ 아이콘으로 축약되어 보여집니다. 그리고 ⋮ 아이콘을 누르면 title에서 정의했던 이름으로 보여집니다. 정의한 main.xml에서 설정하지는 않았지만 never라는 설정값도 있습니다. 이 옵션은 툴바에 공간이 있든 없든 상관하지 않고 ⋮ 아이콘으로 무조건 축약해서 보여주라는 옵션입니다. 만약 showAsAction 옵션을 정의하지 않았다면 기본적으로 never로 설정됩니다.

버전에 상관없이 Support library를 이용해서 툴바 기능을 추가하고 있습니다. 안드로이드 API 21버전 미만에서는 툴바 대신 액션바(Actionbar)를 사용합니다. 그러므로 Support library로 툴바를 추가하게 되면 액션바와 중복되어 설정됩니다. 그래서 액션바 기능을 사용하지 않겠다고 선언해주어야 하는데 이에 대한 설정이 res/values 폴더 아래 styles.xml 파일의 windowActionbar입니다. 이제 styles.xml에서 AppTheme에서 windowActionbar를 false로 설정하여 액션바를 사용하지 않겠다고 선언해주겠습니다. 아래 파일은 필자의 styles.xml입니다.

```
<resources>

    <!-- Base application theme. -->
    <style name="AppTheme" parent="Theme.AppCompat.Light.NoActionBar">
        <!-- Customize your theme here. -->
        <item name="colorPrimary">@color/colorPrimary</item>
        <item name="colorPrimaryDark">@color/colorPrimaryDark</item>
        <item name="colorAccent">@color/colorAccent</item>
        <item name="windowActionBar">false</item>
        <item name="windowNoTitle">true</item>
    </style>

</resources>
```

액션바를 사용하지 않으며 윈도우의 title도 사용하지 않겠다고 선언했습니다. 이렇게 선언하고 Support library의 툴바를 선언해 주면 됩니다.

AppTheme에 대해서 알려주세요!

AppTheme는 앱에서 사용될 기본적인 UX 테마를 설정하는 부분입니다. 안드로이드 API 21 미만 버전에서는 화면의 테마를 설정할 때 Notification bar의 색깔을 앱에서 설정할 수 없었습니다. 그래서 앱의 전체 색깔과 Notification bar 색깔이 맞지 않아 앱의 통일성을 해치기도 했습니다. 하지만 API 21버전으로 들어오면서 머티리얼 디자인(Material Design)이라는 개념이 추가되고 AppTheme에서 Notification bar의 색깔도 함께 설정해줄 수 있게 되어 좀더 앱 색감의 통일성을 확보할 수 있게 되었습니다. 아래 그림은 구글에서 제공하고 있는 테마에 대해 정의한 내용입니다.

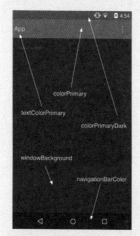

[그림 4-5] 테마 색깔

기본적으로 res/values/styles.xml에 정의되어 있는 AppTheme 설정을 살펴볼까요?

```
<resources>
    <!-- Base application theme. -->
    <style name="AppTheme" parent="Theme.AppCompat.Light.NoActionBar">
        <!-- Customize your theme here. -->
        <item name="colorPrimary">@color/colorPrimary</item>
        <item name="colorPrimaryDark">@color/colorPrimaryDark</item>
        <item name="colorAccent">@color/colorAccent</item>
    </style>
</resources>
```

color 정의값을 알기 위해서 res/values 폴더 아래 color.xml 파일을 살펴보면 아래와 같이 color에 대한 값이 정의되어 있는 것을 볼 수 있습니다.

```
<resources>
    <color name="colorPrimary">#3F51B5</color>
    <color name="colorPrimaryDark">#303F9F</color>
    <color name="colorAccent">#FF4081</color>
</resources>
```

colorPrimary는 툴바의 색깔을 설정해줍니다. 그리고 Notification Bar의 색깔을 정할 때는 colorPrimaryDark로 설정해 줄 수 있습니다. colorAccent라는 색깔이 있는데 이 부분은 UX에서 강조되어야 되는 부분에서 사용되는데요, 가령 EditText에서 글자 입력을 위해서 포커스가 주어졌을 때 underline 색깔 등에서 이용됩니다.

앞으로 만들게 될 '사용자 등록 애플리케이션' 중 예제로 만들게 될 애플리케이션의 Activity에서 살펴보면 다음 그림과 같은데요, 지정한 색깔이 애플리케이션의 어디에 대응되는지 볼까요?

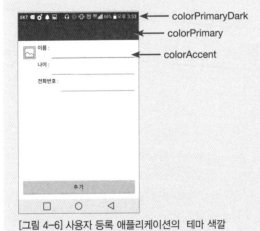

[그림 4-6] 사용자 등록 애플리케이션의 테마 색깔

4.3 MainActivity에서 툴바를 설정하기

이제 Support library에서 제공하는 툴바를 사용하기 위해서 activity_main.xml에 추가하는 작업을 해보겠습니다.

[예제 4-3] MainActivity 레이아웃에 툴바 추가하기 | res/layout/activity_main.xml

```xml
<?xml version="1.0" encoding="utf-8"?>
<LinearLayout xmlns:android="http://schemas.android.com/apk/res/android"
    xmlns:tools="http://schemas.android.com/tools"
    android:id="@+id/activity_main"
    android:layout_width="match_parent"
    android:layout_height="match_parent"
    android:orientation="vertical">
    <android.support.v7.widget.Toolbar                                    ①
        android:id="@+id/toolbar"
        android:layout_width="match_parent"
        android:layout_height="wrap_content"
        android:minHeight="?attr/actionBarSize"
        android:background="?attr/colorPrimary" />
</LinearLayout>
```

---

① Support library의 툴바를 사용하기

Support library의 툴바를 사용하기 위해서는 툴바 위젯을 layout.xml에 명시적으로 추가해 주어야 합니다. 추가하는 방법은 다른 뷰를 추가하는 방법과 다르지 않은데요.

minHeight를 정해준 이유는 툴바는 일정 영역을 무조건 자리 잡고 있어야 하기 때문입니다. minHeight는 기본 크기를 주고 싶을 때 사용하는데, 이 속성은 레이아웃을 구성할 때 모든 요소들이 정확한 값을 가지지 않고 비율에 맞춰서 정해지도록 설정했을 경우 뷰의 기본적인 크기를 정해줄 수 있어 유용합니다.

?attr는 안드로이드에서 제공하는 attr에 정의된 actionBarSize를 사용하겠다는 의미입니다.

이제 MainActivity.kt 파일에서 xml에서 선언된 툴바를 사용할 수 있도록 설정해보겠습니다. activity_main.xml에서 선언했던 툴바를 액션바 대신 설정해줘야 합니다. 그리고 툴바의 기능을 클릭했을 때 실행되는 코드도 넣어주겠습니다. 필자가 작성한 코드를 살펴보겠습니다.

[예제 4-4] 툴바 설정하기 | java/com/kotlin/registerusers/MainActivity.kt

```kotlin
package com.kotlin.registerusers

import android.content.Intent
import android.support.v7.app.AppCompatActivity
import android.os.Bundle
import android.support.v7.widget.Toolbar
import android.view.Menu
import android.view.MenuItem

class MainActivity : AppCompatActivity(){

    override fun onCreate(savedInstanceState: Bundle?) {
        super.onCreate(savedInstanceState)
        setContentView(R.layout.activity_main)

        //set toolbar
        val toolbar:Toolbar = findViewById(R.id.toolbar) as Toolbar      ❶
        setSupportActionBar(toolbar)
    }

    override fun onCreateOptionsMenu(menu: Menu):Boolean               ❷
    {
        menuInflater.inflate(R.menu.main, menu)
        return true
    }

    override fun onPrepareOptionsMenu(menu:Menu):Boolean               ❸
    {
        return super.onPrepareOptionsMenu(menu)
    }

    override fun onOptionsItemSelected(item: MenuItem): Boolean {      ❹
        when(item.itemId)                                             ❺
        {
            R.id.add_user->{
                val intent:Intent = Intent(this, SaveUserActivity::class.java)
                startActivity(intent)
```

```
            }
        }
        return super.onOptionsItemSelected(item)
    }
}
```

❶ 액션바 대신 툴바로 선언하겠다고 알려주는 설정

xml에서 선언했던 툴바로 액션바를 대체하여 사용한다고 선언하는 부분입니다. 액션바 대신 Support library에서 제공하는 툴바를 설정해주었습니다.

❷ Menu를 만들 때 호출되는 함수

Activity 주기에서 onCreate 함수와 비슷하다고 생각하면 되는데요, 이 함수에서 메뉴의 레이아웃을 정해줍니다. 툴바의 속성을 우리가 앞에서 정의해 두었던 xml로 대체하도록 설정했습니다. 자바에서는 getMenuInflater라는 함수로 menuInflater를 받아 온 다음 R.menu.main을 설정하는 코드가 들어 갔을 것입니다. 하지만 코틀린에서는 get 함수를 통하지 않고 변수에 바로 접근하여 사용할 수 있습니다.

❸ Menu가 화면 갱신 시 호출되는 함수

onCreateOptionMenu 함수가 호출된 다음에 불리는 함수로 코드상에서 변수 값을 참조하여 메뉴를 보여주거나 숨기는 경우가 있다면 이 함수를 이용할 수 있습니다.

❹ Menu가 선택되었을 때 호출되는 함수

선택된 메뉴가 인자로 전달됩니다. Menu 선택에 대한 동작이 필요하다면 여기서 필요한 코드를 추가할 수 있습니다.

❺ 메뉴를 구분할 수 있는 방법

인자로 받은 item의 id를 이용해서 메뉴를 구분할 수 있습니다. when문을 사용하여 add_user가 선택되면 사용자 정보를 입력하는 Activity인 SaveUserActivity 클래스를 실행하라는 코드를 추가했습니다. 앞에서도 살펴보았듯이 자바로 구성된 클래스에 코틀린 클래스를 넣을 때는 ::class.java를 사용한다고 했습니다. 그래서 SaveUserActivity에 class.java를 붙여서 intent에 넘겨주면, 아직 SaveUserActivity 클래스를 작성하지 않아 에러가 날 텐데요. 애플리케이션 작성이 모두 끝나고 나면 사라지니 걱정할 필요 없습니다. 애플리케이션 작성 중간에 실행시켜보고 싶은 독자가 있다면 이 부분은 주석 처리하고 테스트해보기 바랍니다.

4.4 데이터베이스에 정보 저장하기

안드로이드는 데이터베이스를 생성하고 처리하기 위해서 SqliteOpenHelper라는 클래스를 제공하고 있습니다. 안드로이드에서는 이 클래스를 상속 받아 데이터베이스를 처리하는 클래스를 구현해야 합니다.

코틀린에서 SqliteOpenHelper를 상속 받아 구현하는 방식은 자바와 같습니다. 그래서 코틀린에서도 SqliteOpenHelper를 상속 받아 onCreate()와 onUpdate()의 두 함수를 기본적으로 구현해 주어야 하는데요. 이 두 함수는 데이터베이스(이하 DB)가 생성되었을 경우와 DB의 버전이 업데이트되었을 때 호출됩니다.

DB의 onUpdate()는 DB를 구성하고 있는 테이블의 구조가 변경되거나 추가되어 DB 버전이 올라갈 경우 이런 변경사항을 데이터베이스에 반영하기 위해서 호출되는 함수입니다. 사용자 정보 저장 애플리케이션에서 DB를 업데이트하는 부분에 대해서는 생략하겠습니다.

1. 스키마 구성하기

데이터베이스를 생성할 때 제일 먼저 생각해야 될 부분은 사용할 테이블에 대한 스키마를 정의하는 것입니다. 사용자 정보 저장 앱에서 저장해야 되는 정보는 사용자의 이름, 나이, 전화번호 그리고 사용자가 원할 경우 설정될 프로필 사진에 대한 정보인데요. 생성된 테이블에 대한 스키마는 다음과 같이 정의할 수 있습니다.

Id:primaryKey	Name:Text	Age:Text	Telnum:Text	Pic_path:Text

[그림 4-7] 테이블 스키마

Id는 DB에서 사용하는 PrimaryKey로 사용하도록 할 것입니다. 그리고 나머지 부분은 모두 Text로 표시하도록 합니다.

2. DB 패키지 만들기

스키마 구성이 끝났으니 이제 직접 구현해봅시다. 데이터베이스에 대한 구현 클래스를 registerusers 패키지에 그냥 두어도 상관이 없지만 DB 패키지를 만들고 DBHandler 클래스 파일을 만들어 사용해보겠습니다. 이렇게 성격이 다른 클래스 파일들을 다른 패키지로 만들어 관리하면 같은 기능을 가진 클래스들을 분류하여 관리할 수 있어 유지보수가 수월합니다. 이렇게 구성하는 것은 코틀린 개발과는 연관성은 없고, 개발 팁의 하나입니다. DB 패키지를 만들고 파일을 추가해보겠습니다.

DB 패키지를 만들 때는 패키지를 추가할 패키지 이름에 마우스 오른쪽 버튼을 클릭하고 [New]-[Package]를 선택합니다. 팝업창이 뜨면 "DB"를 입력하고 〈OK〉 버튼을 누릅니다.

[그림 4-8] 새로운 패키지를 생성하는 메뉴

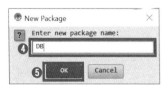

[그림 4-9] 새로운 패키지 이름을 설정하는 다이얼로그

3. DBHandler 파일 생성하기

DB 패키지가 생성되면 파일을 추가하기 위해서 DB 패키지에 마우스 오른쪽 버튼을 눌러 DBHandler 파일을 생성합니다. 새로 생성한 DB 패키지에서 파일 추가 메뉴를 클릭해야 DB 밑에 파일이 생깁니다.

[그림 4-10] 새로운 파일을 생성하는 메뉴

파일을 생성할 때 종류 선택이 기본적으로 File로 설정되어 있으므로 class로 변경해주어야 합니다. 파일을 생성하고 나면 [그림 4-12]와 같이 소스트리가 구성됩니다.

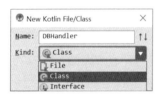

[그림 4-11] 새로운 클래스 이름을 설정하는 다이얼로그

[그림 4-12] 새로운 DB 패키지와 클래스 DBHandler 생성 후 소스트리 구조

DBHandler 클래스를 구현할 때 앞에서 설계했던 스키마에 따라 테이블을 구성하는 코드가 들어가야 합니다. 그리고 데이터베이스에 자료를 저장하는 함수와 자료를 삭제하는 함수도 추가해야 하는데요, 필자가 구현한 DBHandler 클래스를 자세히 살펴보겠습니다.

```kotlin
package com.kotlin.registerusers.DB

import android.content.ContentValues
import android.content.Context
import android.database.Cursor
import android.database.sqlite.SQLiteDatabase
import android.database.sqlite.SQLiteOpenHelper
import java.util.*


data class UserInfo(val name:String = "No Name",                              ❶
                    val age:String = "0",
                    val TelNum:String = "No TelNum",
                    val pic_path:String)

class DBHandler(context: Context) : SQLiteOpenHelper(context, DB_Name,
null, DB_Version){                                                            ❷

    companion object {                                                        ❸
    val DB_Name = "user.db"
    val DB_Version = 1;
    }

    val TABLE_NAME = "user"
    val ID = "_id"
    val NAME = "name"
    val AGE = "age"
    val TELNUM = "telnum"
    val PIC_PATH = "pic_path"


    val TALBE_CREATE = "CREATE TABLE if not exists " + TABLE_NAME + " (" +     ❹
    "${ID} integer PRIMARY KEY ,t, ${NAME} text," +
    "${AGE} text, ${TELNUM} text, ${PIC_PATH} text"+ ")"

    fun getUserAllWithCursor():Cursor{
        return readableDatabase.query(TABLE_NAME, arrayOf(ID, NAME, AGE,      ❺
TELNUM,PIC_PATH), null, null, null, null, null)
    }

    fun addUser(user:UserInfo)
    {
        var info = ContentValues()
        info.put(NAME, user.name)
        info.put(AGE, user.age)
        info.put(TELNUM, user.TelNum)
        info.put(PIC_PATH, user.pic_path)
```

```kotlin
        writableDatabase.insert(TABLE_NAME, null, info) ────────────── ❻
    }

    fun deleteUser(id:Long)
    {
        writableDatabase.execSQL ("DELETE FROM ${TABLE_NAME} WHERE ${ID} = ${id};" ─── ❼
);
    }

    override fun onCreate(db: SQLiteDatabase) {
        db.execSQL(TALBE_CREATE) ───────────────────────────── ❽
    }

    override fun onUpgrade(db: SQLiteDatabase?, p1: Int, p2: Int) {

    }
}
```

---

❶ 데이터베이스에 저장될 구조체 설계

데이터베이스 추가 및 삭제를 위한 데이터 클래스를 생성하게 되면 DB를 사용하는 외부에서는 데이터 클래스를 통해 자료를 저장하고 읽어 올 수 있어 편리합니다. 그리고 데이터 클래스에 기본값을 지정해 주어 이 클래스를 사용하는 개발자가 모든 값을 추가해 주지 않아도 에러 없이 동작하도록 만들어 주었습니다.

❷ SQLiteOpenHelper 상속 받아 사용하기

SQLiteOpenHelper는 기본적으로 DB 이름과 DB 버전을 생성자에서 받도록 되어 있습니다. 코틀린은 기본 생성자를 클래스 선언부에서 정의할 수 있다고 했습니다. 클래스 선언부에 바로 생성자를 선언하는 경우는 생성자를 오버로딩해서 사용할 필요가 없을 경우 유용합니다. SQLiteOpenHelper 클래스의 기본 생성자가 DB 이름과 버전을 받도록 되어 있으므로 DBHandler의 기본 생성자에서 DB이름과 버전을 무조건 넘겨주어야 합니다. DBHandler 클래스 밖에서 클래스를 만들 때 DB 이름과 버전을 넘겨주는 식으로 할 수 있으나 필자는 클래스 내부에서 선언하여 바로 쓰는 방식을 선택했습니다. CursorFactory는 안드로이드에서 제공하는 기본 cursor 클래스를 사용한다는 의미로 null 값을 주었습니다.

클래스 선언부에 인자를 넘겨주어 선언부가 길어져 보기가 좋지 않다면 constructor 키워드를 사용하여 아래 코드와 같이 선언할 수도 있습니다.

```kotlin
class DBHandler: SQLiteOpenHelper{
    constructor(context:Context):super(context, "user.db", null, 1)
```

위와 같은 방법으로 선언할 때는 부모 클래스와 자식 클래스 모두에 인자를 받지 않도록 선언해 주어야 합니다.

❸ companion object 키워드를 이용하기

❷에서 설명하였듯이 DBHandler 클래스 내부에서 DB 이름과 버전을 선언하는 방식 때문에 DB 설정에 대한 변수들을 static으로 선언했습니다.

❹ 사용자의 정보를 저장하는 테이블 쿼리문

User 테이블을 만들 때 기존에 테이블이 생성되어 있지 않은 경우 테이블을 만들고 이미 테이블이 생성된 경우 생성된 테이블을 사용라는 의미에서 "if not exists" 옵션을 주었습니다. 그리고 _id는 table에서의 primary key로 사용하되 자동으로 증가하게 만들어 개발자가 따로 신경을 쓰지 않도록 했는데요, 나머지 컬럼은 모두 text 속성을 주었습니다. 나이의 경우 숫자이긴 하지만 화면에 표시할 때 String으로 변경해 주어야 되는 부분을 신경 쓰지 않기 위해 text로 설정했습니다.

${ } (String template)에 대해서 알려주세요.

${}는 String template라고 불리며 $ 이하의 내용을 변수로 대체하여 사용할 수 있습니다. 그래서 ${변수이름}을 적어주면 변수에 저장되어 있는 내용을 컴파일 타임에 값으로 변경해서 넣어줍니다. 간단한 예제를 살펴볼까요?

```
fun showToast(name:String)
{
    Toast.makeText(mCtx, "${name}님 반갑습니다.",Toast.LENGTH_SHORT).show()
}
```

이렇게 표현하게 되면 ${name}은 함수에서 받은 인자 name으로 변경되어 보입니다. String 내부에 변수를 대체하여 사용하고자 할 때 편리합니다.

❺ DB에 저장된 모든 정보를 가져오는 함수

정보를 가져오는 부분은 자료를 읽기만 하는 부분이므로 Readable DB를 호출하여 사용합니다. 코틀린에서는 get/set 함수를 사용하지 않고 바로 변수 이름으로 접근하여 사용할 수 있다고 했는데요, 자바로 대체된다면 getReadableDatabase 함수로 대응될 수 있습니다.

자료를 DB에서 읽어오도록 요청한다는 의미에서 쿼리를 사용합니다. 쿼리 함수에는 어떤 테이블에서 자료를 요청할지를 알려주기 위해서 테이블 이름을 넣고 필요로 하는 정보에 대한 필드값을 arrayOf 함수로 구성했습니다. 내용을 변경할 수 없는 arrayOf 함수를 이용하여 자료가 변경되지 않도록 해주었고, 나머지 인자에 대해서는 필요한 부분이 없어 null 값으로 채웠습니다.

❻ 함수 인자로 받은 자료를 DB에 저장하는 함수

ContentValues 클래스를 사용하여 자료를 저장하고 writable DB를 얻어 추가하는 구문입니다. 코틀린에서는 변수값에 접근할 때 변수 이름을 이용해서 바로 접근할 수 있다고 했는데요, 자바로 대체된다면 getWritableDatabase 함수를 사용할 수 있습니다.

❼ 자료 삭제를 위한 writableDatabase를 이용하기

${String template}를 이용하여 table 이름과 삭제할 row의 id를 설정해주었습니다. Sqlite에서는 특정 필드에서 자료를 검색할 때 사용하는 키워드 where로 id가 같은 자료를 삭제하도록 합니다.

❽ DB가 생성되면 호출되는 함수

테이블을 만드는 쿼리문이 실행되도록 execSQL 함수를 호출했습니다. 이미 DB가 생성된 경우 onCreate 함수는 호출되지 않습니다.

4.5 Anko 라이브러리

앞에서 DB를 처리하는 클래스를 완성했습니다. 사용한 데이터베이스를 닫아주는 부분은 DBHandler 클래스를 사용하는 다른 클래스에서 호출하도록 설정했는데요. 이 방식은 DBHandler 클래스를 사용하는 다른 클래스에서 깜박하고 DB를 닫아주는 부분이 누락되면 내용이 저장이 되지 않거나 의도하지 않은 여러 가지 행동들이 DB를 쓰고 읽는 와중에 일어날 수 있게 됩니다. 코틀린에는 이런 실수를 보완해주고 DB를 처리하는 데 편하게 해주는 Anko 라이브러리가 존재하는데요. 이 절에서 Anko 라이브러리에 대해 알아보겠습니다.

물론 자바에도 데이터베이스 처리를 좀더 효과적으로 해주는 외부 라이브러리들이 많습니다. 하지만 코틀린은 언어 자체에서 라이브러리를 제공하고 있는데요, 이점에서 자바와 조금 다릅니다. 이제는 Anko 라이브러리에 대해서 살펴보겠습니다.

Anko 라이브러리는 DB 핸들링만을 위한 라이브러리는 아닙니다. Anko 라이브러리에서 대부분을 차지하는 것은 레이아웃을 위한 DSLDomain-Specific Language 형식을 제공하는 데 필요한 API들이 주를 이루고 있는데요, 코틀린에서 DSL을 이용한 Anko 라이브러리를 제공하는 이유는 안드로이드 애플리케이션을 개발하다 보면 xml에 있는 뷰 요소들을 불러와서 코딩을 해줘야 되는 경우가 발생합니다. 하지만 DSL을 이용하게 되면 클래스 파일 안에서 레이아웃을 생성하므로 클래스 안에서 뷰를 바로 사용할 수 있어 편리합니다. Anko에는 DSL을 제공하는 이외에도 다양한 기능을 제공하는데요, 이 중에 사용자 등록 애플리케이션에서는 Sqlite를 처리하는 API들을 사용해보겠습니다.

DSL이란 무엇인가요?
도메인 특화 언어(Domain-specific Language)로 특정 영역의 문제(도메인)를 해결하기 위하여 만들어진 언어로, HTML과 같이 웹 페이지 분야에서 널리 쓰입니다. 도메인에 따라서 순차적으로 내용이 구성되는 언어라고 보면 되는데요, 가장 이해하기 쉬운 예가 HTML에서 사용되는 태그를 따라서 구성되는 레이아웃입니다.

4.6 Anko DSL 사용하기

Anko에서 제공하는 DSL 형식을 이용한 레이아웃을 생성 방법을 잠시 살펴보고 넘어가겠습니다.

4.6.1 Anko 라이브러리 추가하기

Anko를 사용하기 위해서는 gradle 파일에서 anko 라이브러리를 추가해주는 작업이 필요합니다. Module gradle 파일의 dependencies 영역에 아래와 같이 추가합니다.

```
dependencies {
…..
compile 'org.jetbrains.anko:anko:0.10.1'
}
```

gradle 파일이 수정되면 gradle 파일을 싱크해주어야 합니다. 안드로이드 스튜디오가 알아서 싱크를 맞추겠냐고 묻기도 하지만, 묻지 않으면 수동으로 싱크를 맞춰주어야 추가한 라이브러리들을 사용할 수 있으니 싱크를 꼭 맞추어야 합니다. 싱크를 맞추는 방법은 메뉴의 [Build]-[ReBuild Project]를 사용해도 되고 아래 이미지의 아이콘를 사용해도 됩니다.

[그림 4-13] gradle 싱크 아이콘

Anko 라이브러리는 지원하는 SDK가 따로 있습니다. SDK15, SDK19, SDK21, SDK23, SDK25를 지원하는데요, 현재 최신 안드로이드 SDK 버전이 25이므로 SDK25를 사용하도록 합니다. 그리고 Support library를 사용한 뷰가 있다면 그에 해당하는 Anko 라이브러리를 추가해주어야 합니다. 3장에서 사용했던 recycler view의 경우 "org.jetbrains.anko:anko-recyclerview-v7:0.10.1"를 추가해 주어야 Anko 를 이용하여 recycler view를 사용할 수 있습니다.

xml을 통해서 레이아웃을 구성하던 방법과 Anko를 이용해서 레이아웃을 구성하는 방 법의 차이를 코드를 통해 비교해봅니다. 코드를 살펴보면 단순한 EditText와 Button 이 들어있는 LinearLayout입니다.

```xml
<?xml version="1.0" encoding="utf-8"?>
<LinearLayout xmlns:android="http://schemas.android.com/apk/res/android"
    android:orientation="vertical" android:layout_width="match_parent"
    android:layout_height="match_parent">

    <EditText
        android:layout_width="match_parent"
        android:layout_height="48dp"
        android:textSize="20dp"
        android:textColor="@android:color/black"
        android:layout_marginBottom="10dp"/>
    <Button
        android:layout_width="match_parent"
        android:layout_height="48dp"
        android:text="Show" />
</LinearLayout>
```

이 레이아웃을 Anko 라이브러리를 이용해서 표현하면 다음과 같이 바뀝니다.

[예제 4-6] Anko 라이브러리로 레이아웃 작성하기 | java/com/kotlin/registerusers/DB/DBHandler_Anko.kt

```kotlin
package com.kotlin.registerusers

import android.os.Bundle
import android.app.Activity
import org.jetbrains.anko.button
import org.jetbrains.anko.editText
import org.jetbrains.anko.sdk25.coroutines.onClick
import org.jetbrains.anko.toast
import org.jetbrains.anko.verticalLayout

class AnkoDSLActivity : Activity() {
    override fun onCreate(savedInstanceState: Bundle?) {
        super.onCreate(savedInstanceState)
        verticalLayout {
            val name = editText {
                hint = "이름을 넣으세요"
```

```
            textSize = 20f
        }

        button ("Show"){
            onClick { toast("안녕하세요, ${name.text}!") }
        }
    }
  }
}
```

코드를 보면 xml을 이용해서 구성하는 방법과 크게 다르지 않음을 알 수 있는데요, verticalLayout으로 Linearlayout을 대체하고 그 안에 editText와 button을 추가해주도록 했습니다. 그리고 각 뷰에 대한 속성은 {} 안에서 지정해주었습니다. 하지만 button의 onClick은 기존 xml 방식에서는 할 수 없었던 부분입니다.

xml 방식에서는 코딩할 때 레이아웃에서 ID로 button view를 찾아 onClick 함수를 만들고 button에 이어주는 방식으로 onClick 함수를 구현해주어야 했지만 Anko에서는 레이아웃을 구성하면서 바로 onClick을 구현할 수 있습니다. 이런 점에서 Anko를 이용하여 레이아웃을 구성하게 되면 xml 파일을 생성하지 않아도 되므로 클래스 하나로 모든 내용을 구성할 수 있습니다.

4.7 Anko를 이용해서 DBHandler 작성하기

이제 Anko를 이용하여 DBHandler 클래스를 다시 작성해봅시다. Sqlite를 사용할려면 Sqlite용 Anko 라이브러리를 추가해주어야 합니다.

Module gradle 파일의 dependencies 영역에 아래와 같이 코드를 추가합니다.

```
dependencies {
…..
    compile "org.jetbrains.anko:anko-sqlite:0.10.1"

}
```

앞에서 언급했듯이 gradle 파일이 변경되었으니 싱크시켜 anko-sqlite 라이브러리를 사용할 수 있도록 만들어 주어야 합니다.

DBHandler에서 사용했던 함수를 그대로 두고 Anko 라이브러리를 이용하여 변경하는 부분을 볼 텐데요, 다음은 필자가 작성한 파일입니다. 자세히 살펴볼까요?

[예제 4-7] Anko 라이브러리로 DB 클래스 작성하기 | java/com/kotlin/registerusers/DB/DBHandler_Anko.kt

```
package com.kotlin.registerusers.DB
import android.content.ContentValues
import android.content.Context
import android.database.Cursor
import android.database.sqlite.SQLiteDatabase
import android.database.sqlite.SQLiteOpenHelper
import org.jetbrains.anko.db.*


class DBHandler_Anko(context: Context) : SQLiteOpenHelper(context, DB_Name, null,
DB_Version) {
    companion object {
        val DB_Name = "user.db"
        val DB_Version = 1;
    }
```

```kotlin
    object UserTable
    {
        val TABLE_NAME = "user"
        val ID = "_id"
        val NAME = "name"
        val AGE = "age"
        val TELNUM = "telnum"
        val PIC_PATH = "pic_path"
    }

    fun getUserAllWithCursor(): Cursor {
        return  readableDatabase.query(UserTable.TABLE_NAME,
                arrayOf(UserTable.ID, UserTable.NAME, UserTable.AGE, UserTable.
TELNUM,UserTable.PIC_PATH),
                null, null, null, null, null)
    }

    fun addUser(user:UserInfo)
    {
        var info = ContentValues()
        info.put(UserTable.NAME, user.name)
        info.put(UserTable.AGE, user.age)
        info.put(UserTable.TELNUM, user.TelNum)
        info.put(UserTable.PIC_PATH, user.pic_path)

        writableDatabase.use {                                              ❶
            writableDatabase.insert(UserTable.TABLE_NAME, null, info)
        }
    }

    fun deleteUser(id:Long)
    {
        writableDatabase.use {
            writableDatabase.execSQL(
            "DELETE FROM ${UserTable.TABLE_NAME} WHERE ${UserTable.ID} = ${id};")
        }
    }

    override fun onCreate(db: SQLiteDatabase) {
        db.createTable(UserTable.TABLE_NAME, true,                          ❷
                Pair(UserTable.ID, INTEGER+PRIMARY_KEY),
                Pair(UserTable.NAME, TEXT),
                Pair(UserTable.AGE, TEXT),
                Pair(UserTable.TELNUM, TEXT),
                Pair(UserTable.PIC_PATH, TEXT));

    }

    override fun onUpgrade(p0: SQLiteDatabase?, p1: Int, p2: Int) {
    }
}
```

❶ Anko use 함수 사용하기

Anko에서 use를 어떻게 사용하고 있는지 살펴보면 use 함수를 사용하는 이유를 쉽게 이해할 수 있습니다.

```
public inline fun <T : Closeable, R> T.use(block: (T) -> R): R {
    var closed = false
    try {
        return block(this)
    } catch (e: Exception) {
        closed = true
        try {
            this?.close()
        } catch (closeException: Exception) {
        }
        throw e
    } finally {
        if (!closed) {
            this?.close()
        }
    }
}
```

코드를 살펴보면 DB를 사용할 동안 블록을 걸어주고 DB를 사용하는 구간이 끝나고 난 다음 DB를 닫아 주도록 되어 있습니다. use 함수를 사용하면 block이나 close에 대해서 use 함수가 대신 처리해주어 개발자 입장에서는 DB가 닫히지 않아 벌어질 수 있는 버그에 대해서 신경 쓰지 않아도 됩니다. 또한 DB를 사용하고 있을 때 block을 걸어주어 다른 프로세스에서 동시에 DB에 접근할 수 없도록 해주고 있습니다.

❷ Anko의 Pair 클래스 사용하기

onCreate 함수에서 쿼리문을 String으로 쓰지 않고 Pair 클래스를 사용해서 쿼리가 만들어지도록 했는데요, Pair 클래스를 살펴보면 어떤 역할을 하는지 쉽게 알 수 있습니다.

```
public data class Pair<out A, out B>(
        public val first: A,
        public val second: B
                                    ) : Serializable {

    public override fun toString(): String = "($first, $second)"
}
```

Pair 클래스는 인자를 2개를 받아서 이를 String으로 변경해주는 역할을 하고 있습니다. 그래서 String 쿼리문을 사용하지 않아도 createTable 함수에서 대입하여 사용할 수 있습니다.

필자가 계속해서 구현되어 있는 함수를 보면서 코드를 설명하는 이유는, 이렇게 API 함수를 보면서 코딩하면 함수를 정확하게 사용할 수 있기 때문입니다. 또 에러를 처리할 때 좋으니, 사용하는 API 함수나 클래스를 살펴보는 습관을 갖도록 하세요.

Anko를 이용하여 DBHandler를 다시 작성해보았습니다. 언뜻 보면 이전 소스와 다른 점이 없다고 보는 독자도 있을텐데요, 개발자가 실수할 수 있는 부분에 대해서 언어에서 처리해주도록 되어 있다는 점에서 아주 유용합니다. 또한 실제로 DB를 사용할 때 닫아주지 않아 에러를 발생하는 경우가 종종 있습니다. 하지만 이런 에러는 문제를 분석하기 까다롭기 때문에 에러가 나지 않도록 미리 정확하게 처리를 해주는게 좋습니다. 이렇게 장점이 많은 클래스를 사용하지 않을 이유가 없겠죠? 앞으로 진행되는 소스에서는 DBHandler_Anko 클래스를 사용하도록 하겠습니다.

4.8 CursorAdapter 사용하기

입력한 내용을 DB에 저장하는 방법까지 살펴보았는데요. 이제는 DB에서 데이터를 불러와 ListView에 넣어주는 코드를 작성해보겠습니다.

ListView를 사용하기 위해서는 Adpater 클래스를 먼저 작성해야 합니다. 3장에서는 BaseAdpater를 사용했지만 사용자 등록 애플리케이션은 DB를 이용하여 데이터를 전달받으니 이에 적합한 CursorAdpater를 사용해보겠습니다.

CursorAdpater는 Adapter에 DB에 읽어온 데이터의 커서를 넘겨주면 Adapter에서 커서를 움직이며 ListView를 구성해주는 Adapter입니다.

1. Adapter에 사용될 레이아웃을 작성하기

Adapter 클래스를 작성하기에 앞서 먼저 사용될 레이아웃을 만들어 봅니다.

레이아웃은 아래 이미지와 같이 프로필 사진과 이름 전화번호 그리고 사용자를 삭제할 수 있는 ✖ 이미지가 들어가야 합니다.

[그림 4-14] Adapter 레이아웃 이미지

다음은 필자가 작성한 레이아웃 파일인데요. 함께 살펴보겠습니다.

```xml
<?xml version="1.0" encoding="utf-8"?>
<RelativeLayout xmlns:android="http://schemas.android.com/apk/res/android"
    android:layout_width="match_parent" android:layout_height="match_parent"
    android:padding="5dp">
    <ImageView
        android:id="@+id/profile"
        android:layout_width="48dp"
        android:layout_height="48dp"
        android:layout_marginRight="7dp"
        android:background="@android:drawable/ic_menu_gallery"/>
    <TextView
        android:id="@+id/name"
        android:layout_width="match_parent"
        android:layout_height="wrap_content"
        android:layout_toRightOf="@+id/profile"
        android:layout_marginTop="7dp"
        android:text="No Name"
        android:textSize="15sp"
        android:textColor="@android:color/black"/>
    <TextView
        android:id="@+id/tel_num"
        android:layout_width="match_parent"
        android:layout_height="wrap_content"
        android:layout_marginTop="5dp"
        android:layout_toRightOf="@+id/profile"
        android:layout_below="@+id/name"
        android:text="No TelNum"
        android:textSize="12sp"
        android:textColor="@android:color/secondary_text_light_nodisable"/>

    <ImageButton
        android:id="@+id/del_item"
        android:layout_width="32dp"
        android:layout_height="32dp"
        android:layout_alignParentRight="true"
        android:layout_centerVertical="true"
        android:background="@android:drawable/ic_delete"
        android:onClick="onClickDelete"/> ························································· ❶
</RelativeLayout>
```

❶ xml에서 onClick 함수 선언하기

xml에서 onClick 함수를 바로 지정할 수 있습니다. 이렇게 xml에서 onClick()를 설정하는 이유는 findViewById()를 사용하지 않아도 바로 onClick 함수를 설정할 수 있기 때문입니다. 하지만 이렇게 설정해 두면 코드를 읽을 때 onClickDelete()가 어디로부터 온 함수인지 헷갈릴 수 있으니 이점은 유의해서 사용해야 합니다. OnClickDelete 함수 선언은 뒤에서 좀더 살펴보겠습니다.

2. CusrsorAdapter 클래스 생성하기

[Kotlin File/Class] 메뉴로 CursorAdapter를 만들어 봅시다. 필자는 파일 이름을 UserListAdapter.kt로 정했습니다.

[그림 4-15] 새로운 클래스 UserListAdapter 만드는 메뉴

[그림 4-16] 새로운 클래스 이름을 설정하는 다이얼로그

CursorAdapter는 BaseAdapter와 다르게 newView와 BindView 두 함수로 뷰를 그립니다. 이 두 함수를 오버라이드하여 완성해 주어야 하는데요, 다음은 필자가 작성한 UserListAdapter 클래스입니다. 함께 살펴볼까요?

[예제 4-9] UserList Adapter 작성하기 | java/com/kotlin/registerusers/UserListAdapter.kt

```kotlin
package com.kotlin.registerusers

import android.content.Context
import android.database.Cursor
import android.graphics.Bitmap
import android.graphics.drawable.BitmapDrawable
import android.graphics.drawable.Drawable
import android.provider.MediaStore
import android.view.LayoutInflater
import android.view.View
import android.view.ViewGroup
import android.widget.CursorAdapter
import android.widget.ImageView
import android.widget.TextView
import com.kotlin.registerusers.DB.UserData
```

```kotlin
data class ViewHolder(val pic:ImageView,                                    ❶
                      val name:TextView,
                      val tel:TextView,
                      val del:ImageView)

class UserListAdapter(context:Context, cursor:Cursor?)                      ❷
        : CursorAdapter(context, cursor, FLAG_REGISTER_CONTENT_OBSERVER)
{
    val mCtx = context

    override fun newView(context: Context?, cursor: Cursor?, parent: ViewGroup?):
    View {                                                                   ❸
        val inflater = context?.getSystemService(Context.LAYOUT_INFLATER_SERVICE) as
LayoutInflater
        val mainView = inflater.inflate(R.layout.layout_user_list, parent,false)
        var holder:ViewHolder = ViewHolder(mainView.findViewById(R.id.profile) as
ImageView,
                mainView.findViewById(R.id.name) as TextView,
                mainView.findViewById(R.id.tel_num) as TextView,
                mainView.findViewById(R.id.del_item) as ImageView)
        mainView.tag = holder
        return mainView
    }

    override fun bindView(convertView: View, context: Context, cursor: Cursor) {  ❹
        val holder = convertView.tag as ViewHolder

        holder.name.text = String.format("%s (%d)", cursor.getString(1), cursor.
getInt(2))
        holder.tel.text = cursor.getString(3)
        val picture:Drawable = getPicture(cursor.getString(4))
?:context.getDrawable(android.R.drawable.ic_menu_gallery)                   ❺
        holder.pic.background = picture
        //save cursor id
        holder.del.tag = cursor.getLong(0)                                  ❻
    }

    private fun getPicture(path:String): Drawable?                          ❼
    {
        val img_id = path.toLong()
        if(img_id == 0L) return null

        val bitmap:Bitmap = MediaStore.Images.Thumbnails.getThumbnail(mCtx.
contentResolver,img_id,
                MediaStore.Images.Thumbnails.MICRO_KIND,null)
        bitmap?:return null
        return BitmapDrawable(mCtx.resources, bitmap)
    }
}
```

❶ ListView 구성 시 ViewHolder 패턴 사용 하기

3장에서 보았던 RecyclerView에서 사용했던 패턴과 같습니다. 초기 RecyclerView가 나오기 전에는 이렇게 개발자가 직접 ViewHolder 패턴을 구현하여 사용했습니다. 지금 사용하고 있는 CursorAdapter에서는 뷰를 재사용하도록 설계되어 있지만 ViewHolder 패턴을 사용하는 이유는 불필요한 findViewById()를 지속적으로 호출하여 발생하는 부하를 줄여 성능을 향상시킬 수 있기 때문입니다.

❷ CursorAdapter를 상속받기

CursorAdapter라는 이름에서 볼 수 있듯이 기본 생성자에서 커서를 받고 있습니다. Adpater를 사용하는 부분에서는 DB를 열고 커서를 받아서 CursorAdapter에 넘겨주어야 합니다.

마지막 인자 값을 살펴보면 FLAG_REGISTER_CONTENT_OBSERVER를 설정하고 있는데요, 이 Flag는 Adpater의 내용이 바뀌면 onContentChanged()를 호출합니다. 하지만 이 Flag를 사용할 때 주의해 줘야 될 사항이 있는데요, Adapter의 내용이 바뀔 때 이벤트를 받겠다고 했으므로 더 이상 Adapter를 사용하지 않을 때는 커서를 Adapter에서 제거해주어야 합니다. 그렇지 않으면 메모리 누수가 발생될 수 있기 때문입니다. 커서를 처리하는 부분은 다시 MainActivity.kt에서 살펴보겠습니다.

❸ Adapter에 뷰를 설정하기 위해서 호출되는 함수

뷰가 새로 생성될 때 이 함수가 호출되고 새로운 뷰를 생성하게 됩니다.

뷰에 레이아웃을 설정해줄 때는 inflater를 이용하여 inflate하는 방식을 사용합니다. 그리고 생성된 뷰에서 ViewHolder를 생성하여 tag에 설정해주는데요, 이렇게 되면 bindView에서는 tag에 설정되어 있는 ViewHolder를 받아 텍스트나 이미지를 바꿔주면 됩니다. 이렇게 ViewHolder로 뷰를 재사용하여 메모리를 줄이고 성능을 최적화 할 수 있습니다.

❹ 새로 생성된 뷰가 화면상에 보여질 때 호출되는 함수

이때는 커서를 통해서 DB로부터 읽어온 내용을 뷰에 설정하는 부분입니다. 설정한 스키마에 해당하는 인덱스를 표로 나타내 보았습니다.

[표 4-1] Index에 따른 DB 저장 스키마

0	1	2	3	4
Id	Name:Text	Age:Text	Telnum:Text	pic_path:Text

Cursor.getString(int index) 함수를 이용해서 자료를 불러와서 뷰에 값을 설정해 줄 때 해당 인덱스 값을 정확하게 알고 불러와야 합니다. 또한 불러오는 데이터의 자료형에 따라 함수를 불러줘야 정확한 값이 넘어오게 되는데요, 인덱스 값을 enum이나 final Int로 미리 정해두고 사용하면 더 편하고 가독성이 높은 코딩을 할 수 있습니다. 선언된 enum 클래스는 다음과 같습니다.

```
enum class UserData(val index:Int){
    _id(0),
    Name(1),
    Age(2),
    TelNum(3),
    PicPath(4)
}
```

enum class를 이용하여 bindView 함수를 다시 작성해 보면 다음과 같습니다.

```
override fun bindView(convertView: View, context: Context, cursor: Cursor) {
    var name_title = mCtx.resources.getString(R.string.user_title)
    val holder = convertView.tag as ViewHolder

    holder.name.text = String.format(name_title, cursor.getString(UserData.Name.
index), cursor.getInt(UserData.Age.index))
    holder.tel.text = cursor.getString(UserData.TelNum.index)
    val picture:Drawable = getPicture(cursor.getString(UserData.PicPath.
index))?:context.getDrawable(android.R.drawable.ic_menu_gallery)
    ………….
}
```

⑤ 엘비스 표현으로 간결해진 코드

코드 중간에 보면 ?: 기호는 2장에서 언급했듯이 엘비스 연산자입니다.
getPicture 함수의 리턴값이 null이라면 안드로이드에서 제공하는 기본 이미지를 ImageView에 설정하라는 표현인데요, 이렇듯 null 값이 예상될 때 기본값을 설정하는 코드에 if문을 사용하지 않고 구현할 수 있어 코드가 간결해짐을 볼 수 있습니다.

⑥ 삭제 ImageView tag에 DB의 id값을 설정하는 코드

tag는 object형이라 다양한 값을 설정할 수 있습니다. tag에 값을 저장하면 나중에 뷰가 선택되었을 때 선택된 뷰의 단일성을 확보할 수 있어 많이 사용됩니다. tag에 id를 넣은 이유는 선택한 아이템을 지울 때 사용하기 위함입니다.

⑦ 선택한 사진의 썸네일을 가져 오는 작업을 하는 함수

선택한 사진의 아이디를 이용하여 해당 사진의 썸네일을 가져 오는 작업을 수행하는 함수로 리스트에 아이템이 표시될 때 이 함수가 호출되도록 했습니다. 이미지에 대한 부분을 미리 불러 놓지 않고 뷰에 보일 때 이미지를 불러 설정하는 이유는 필요한 경우만 이미지를 메모리에 올려 놓으면 메모리를 절약하는 데 유용하기 때문인데요, Media 클래스를 사용하는 방법에 대해서는 사용자의 정보를 SaveUserActivity.kt 클래스에서 하도록 하겠습니다.

4.9 MainActivity에서 Adpater 설정하기

List에 CursorAdpater를 설정하는 방법은 기본 Adapter와 조금 다른데요, CursorAdapter는 데이터베이스의 커서 정보를 담고 있어 커서를 다루는 데 좀더 많은 관심을 기울여야 합니다.

CursorAdapter를 제대로 다루지 못하게 되면 메모리 누수가 생겨 데이터베이스의 결과값을 가져오거나 저장하는데 영향을 끼칠 수 있으니 사용할 때 주의해야 합니다. CursorAdapter를 다루는 방법에 대해서는 필자가 작성해둔 소스를 보면서 자세히 살펴보겠습니다.

추가된 사용자들에 대한 리스트를 보여주기 위해서 activity_main.xml 파일에 ListView를 추가해주는 작업을 해야 합니다. 다음은 ListView가 추가된 xml 파일입니다.

[예제 4-10] 사용자 정보 리스트가 포함된 main 레이아웃 | res/layout/activity_main.xml

```xml
<?xml version="1.0" encoding="utf-8"?>
<LinearLayout xmlns:android="http://schemas.android.com/apk/res/android"
    xmlns:tools="http://schemas.android.com/tools"
    android:id="@+id/activity_main"
    android:layout_width="match_parent"
    android:layout_height="match_parent"
    android:paddingBottom="@dimen/activity_vertical_margin"
    tools:context="com.kotlin.registerusers.MainActivity"
    android:orientation="vertical">
    <android.support.v7.widget.Toolbar
        android:id="@+id/toolbar"
        android:layout_width="match_parent"
        android:layout_height="wrap_content"
        android:minHeight="?attr/actionBarSize"
        android:background="?attr/colorPrimary" />

    <ListView
        android:id="@+id/user_list"
        android:layout_width="match_parent"
        android:layout_height="wrap_content"/>
</LinearLayout>
```

ListView에 커서를 연결하여 사용하는 방법을 필자가 작성한 소스코드를 하나씩 따라가며 알아보겠습니다.

```kotlin
package com.kotlin.registerusers

import android.content.Intent
import android.database.Cursor
import android.os.Bundle
import android.support.v7.app.AppCompatActivity
import android.support.v7.widget.Toolbar
import android.view.Menu
import android.view.MenuItem
import android.view.View
import android.widget.ListView
import com.kotlin.registerusers.DB.DBHandler_Anko

class MainActivity : AppCompatActivity(){
    private var mAdapter:UserListAdapter? = null
    public var mDBHandler:DBHandler_Anko = DBHandler_Anko(this)
    companion object{
        val REQUEST_ADD_USER = 1001
    }

    override fun onCreate(savedInstanceState: Bundle?) {
        super.onCreate(savedInstanceState)
        setContentView(R.layout.activity_main)

        //set toolbar
        val toolbar:Toolbar = findViewById(R.id.toolbar) as Toolbar
        setSupportActionBar(toolbar)

        val newOne = mDBHandler.getUserAllWithCursor() ------------------- ❶
        if(newOne?.count != 0) {
            mAdapter = UserListAdapter(this, newOne)
            val listView = findViewById(R.id.user_list) as ListView
            listView.adapter = mAdapter
        }
    }

    override fun onActivityResult(requestCode: Int, resultCode: Int, data: Intent?) {
                                                                        ❷
        super.onActivityResult(requestCode, resultCode, data)
        when(requestCode)
        {
            REQUEST_ADD_USER->{
                val newOne = mDBHandler.getUserAllWithCursor()
```

178

```
        if(mAdapter==null){
        mAdapter = UserListAdapter(applicationContext, newOne)
        val listView = findViewById(R.id.user_list) as ListView
        listView.adapter = mAdapter
            }
            mAdapter?.changeCursor(newOne)                                      ❸
            mAdapter?.notifyDataSetInvalidated()                                ❷-❶
        }
      }
    }

    fun onClickDelete(view:View)                                               ❹
    {
        mDBHandler.deleteUser(view.tag as Long)                                ❺
        val newOne = mDBHandler.getUserAllWithCursor()                         ❻
        mAdapter?.changeCursor(newOne)
    }

  override fun onDestroy() {
        super.onDestroy()
        mAdapter?.cursor?.close ()                                             ❼
        mDBHandler.close()                                                     ❽
    }

    override fun onCreateOptionsMenu(menu: Menu):Boolean
    {
        menuInflater.inflate(R.menu.main, menu)
        return true
    }

    override fun onPrepareOptionsMenu(menu:Menu):Boolean
    {
        return super.onPrepareOptionsMenu(menu)
    }

    override fun onOptionsItemSelected(item: MenuItem): Boolean {
        when (item.itemId) {
            R.id.add_user -> {
                val intent: Intent = Intent(this, SaveUserActivity::class.java)
                startActivityForResult(intent, REQUEST_ADD_USER)              ❾
            }
            R.id.anko -> {
                val layout: Intent = Intent(this, AnkoDSLActivity::class.java)
                startActivity(layout)
            }
        }
        return super.onOptionsItemSelected(item)
    }
}
```

❶ UserListAdapter 설정하기

사용자 정보를 가져오기 위해서 DBHandler의 getUserAllWithCursor 함수를 호출했습니다. 커서의 개수를 통해서 데이터베이스에 저장된 정보가 있는 경우에만 Adpater에 커서를 설정하도록 했습니다. 커서의 개수를 보지 않고 바로 설정해도 되지만 이럴 경우 Adapter에서 하지 않아도 되는 작업들이 수행되므로 저장된 정보가 없다면 Adapter를 설정하지 않는 편이 좋습니다.

❷ 뷰를 refresh해주기

사용자 정보를 저장하는 SaveUserActivity로부터 저장된 정보가 있다는 결과를 받게 되면 데이터베이스에서 값을 다시 읽어서 뷰를 refresh해주는 코드입니다. ❷-❶처럼 ListView를 refresh할 때는 Adapter의 내용이 변경되어야 됨을 알려주는 notifyDataSetInvalidated 함수를 꼭 불러야 합니다. onActivityResult 함수는 startActivityForResult()를 사용했을 경우 사용할 수 있습니다.

❸ 새로운 커서로 변경하기

Adapter에서 커서를 바꾸는 함수 changeCursor를 사용하여 기존에 사용하던 커서를 새로운 커서로 변경했습니다. chanageCurosr 함수 내부를 살펴보면 swapCursor 함수를 사용하고 swapCursor 함수에서 받은 이전 커서는 닫아주는 코드가 추가되어 있음을 알 수 있습니다.

```
public void changeCursor(Cursor cursor) {
    Cursor old = swapCursor(cursor);
    if (old != null) {
        old.close();
    }
}
```

이렇듯 사용되지 않는 커서를 꼭 닫아 주어야 됨을 명심해야 합니다. 커서를 제대로 닫아주지 않으면 메모리 누수로 인해 애플리케이션이 종료될 수 있음을 주의하세요.

❹ onClickDelete 함수

UserListAdapter의 레이아웃 xml을 살펴볼 때 보았던 함수입니다. ✖ ImageButton이 클릭되었을 때 MainActivity에 있는 onClickDelete 함수가 호출됩니다. onClick 함수에 대한 정의를 Adapter에서 선언했지만 MainActivity에서 호출이 가능한 이유는 Adapter에서 처리해주지 않으면 제일 상위 뷰까지 onClick 함수는 전달되기 때문입니다.

❺ Adapter에서 Delete Button View tag에 id 설정

앞에서 이미 해보았기 때문에 기억할 것입니다. 이렇게 tag를 설정해 두고 사용하면 〈delete〉 버튼을 눌렀을 때 해당 id의 데이터를 삭제할 수 있습니다.

❻ Adapter 재설정

데이터베이스가 업데이트되고 나면 내용을 업데이트하기 위해서 커서를 불러와 Adapter에 다시 설정해 주어야 합니다.

❼ onDestroy에서 커서 정리하기

Activity가 종료될 때 커서를 정리해 주어야 메모리 누수를 막을 수 있습니다. Adpater에서 설정되어 있는 curosr를 받아 close 시켜주면 됩니다.

❽ onDestroy에서 DB 정리하기

Activity가 destroy되면 DB 사용도 종료되므로 마지막으로 DB를 닫아주어야 합니다. 이 부분이 없으면 DB가 열린 채로 Activity가 닫히게 되므로 에러를 발생하거나 예기치 않은 부분에서 오류가 날 수 있으므로 꼭 닫아주어야 합니다.

❾ Activity 간 결과값을 받기 위해 startForResultActivity 사용하기

Activity를 부를 때 startForResultActivity 함수를 사용하면 위에 쌓이는 Activity에서 결과값을 받아 처리할 수 있습니다. startForResultActivity 함수를 사용하는 이유는 SaveUserActivity에서 사용자가 추가된 경우 ListView를 refresh해주어 추가된 내용을 바로 반영되도록 하기 위해서입니다.

4.10 권한 설정하기

이제는 사용자 정보를 저장하는 SaveUserActivity를 구현하는 방법에 대해서 살펴보겠습니다. 사용자 정보를 저장하는 Activity를 구현하는 부분을 보기 앞서 안드로이드 API 버전 23 마시멜로우 버전부터 추가된 권한 설정에 대한 개념에 대해서 이야기할 필요가 있는데요, 알아보겠습니다.

4.10.1 안드로이드 버전에 따른 권한 설정

사용자 등록 애플리케이션에서는 이미지를 보여줄 때 썸네일을 사용합니다. 이 썸네일은 항상 만들어져 있지는 않고, 이미지를 갤러리나 기타 사진을 보여주는 애플리케이션에서 사진을 로드할 때 썸네일을 만들면서 내부 메모리에 캐싱하게 됩니다. 이렇게 내부 저장소에 이미지를 캐싱할 때 저장 권한이 필요한데요, 안드로이드 6.0 마시멜로우 미만 버전에서 저장 권한을 사용할 때 Manifest 파일에 저장 권한을 선언만 해주면 모두 사용할 수 있었지만 안드로이드에 6.0 마시멜로우 버전(API 23 버전)부터는 권한 설정이 바뀌어 사용자 승낙을 받아야만 저장소에 접근이 가능하게 되었습니다. 권한 설정이 어떻게 변경되었는지 자세히 알아보아야 합니다.

안드로이드 6.0 미만 버전에서는 사용자가 구글 플레이를 통해서 앱을 설치할 때 앱이 갖는 권한에 대해서 알려주고 설치하도록 하는 방식을 선택했었습니다. 하지만 이런 방식은 앱에서 권한을 남용하여 사용하더라도 사용자가 남용된 권한에 대해서 잘 인지하지 못하는 경우가 발생했는데요, 그 이유는 앱을 설치할 때 알려주는 권한들이 앱 안에서 어떻게 사용되는지에 대한 설명이 없었기 때문입니다. 그래서 마시멜로우 버전부터는 앱을 사용할 때 권한을 요구하는 방식으로 변경되었습니다. 하지만 앱에서 사용하는 모든 권한에 대해 사용자의 동의를 구하는 것은 아닙니다. 사용자에게 민감할 수 있는 정보에 대해서 접근할 때 권한을 얻도록 다음의 표와 같이 권한을 분류했습니다. 그룹에서 하나의 항목에 대해 권한을 승인 받으면 그룹에 있는 모든 권한이 자동으로 승인을 받게 됩니다. 즉, Storage Read 권한에 대해서 승인을 받게 되면 쓰기 기능을 사용할 때 사용자에게 다시 권한을 승인 받지 않아도 사용할 수 있습니다.

[표 4-2] 권한 설정 분류 테이블

Permission Group	Permissions
CALENDAR	READ_CALENDAR WRITE_CALENDAR
CAMERA	CAMERA
CONTACTS	READ_CONTACTS WRITE_CONTACTS GET_ACCOUNTS
LOCATION	ACCESS_FINE_LOCATION ACCESS_COARSE_LOCATION
MICROPHONE	RECORD_AUDIO
PHONE	READ_PHONE_STATE CALL_PHONE READ_CALL_LOG WRITE_CALL_LOG ADD_VOICEMAIL USE_SIP PROCESS_OUTGOING_CALLS
SENSORS	BODY_SENSORS
SMS	SEND_SMS RECEIVE_SMS READ_SMS RECEIVE_WAP_PUSH RECEIVE_MMS
STORAGE	READ_EXTERNAL_STORAGE WRITE_EXTERNAL_STORAGE

권한에 대한 처리가 구글 권고 사항이긴 하나 권한에 대한 처리를 하지 않길 원한다면 gradle 파일에서 targetSdkVersion을 23 버전보다 아래 버전으로 설정하면 됩니다. 23 버전보다 아래 버전으로 설정하게 되면 기본적으로 개발자가 Manifest에 선언한 권한을 모두 갖게 됩니다. 하지만 사용자가 핸드폰의 설정에서 권한을 해제하였을 경우 권한이 해제되었음을 알 수 없으므로 권한이 필요한 API를 사용하지 못한다는 단점이 있습니다.

권한을 요청하는 순서를 보면 아래의 그림과 같은 워크플로우를 갖습니다. 앱이 필요한 권한을 사용자가 허용했는지 먼저 권한을 체크합니다. 만약 체크한 값이 승인으로 나오면 권한 요청 없이 함수를 진행하고 거절로 나오면 시스템에 권한을 요청하게 됩니다.

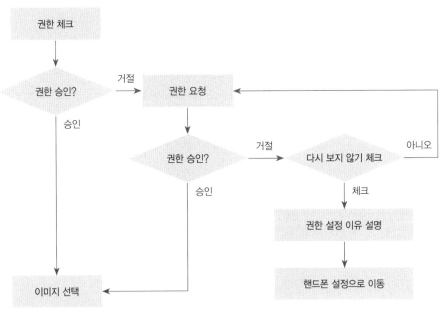

[그림 4-17] 권한 체크 워크플로우

시스템에 권한을 요청하게 되면 시스템에서 권한을 허용해 달라는 다음 그림과 같은 다이얼로그를 보여주게 됩니다.

[그림 4-18] 권한 요청 시스템 다이얼로그

권한 요청에 거부하게 되면 다음 이미지처럼 다시 보지 않기 옵션이 나타납니다. 사용자가 다시 보지 않기를 했을 경우 다시는 권한 관련 다이얼로그를 띄울 수 없는데요, 이때는 사용자에게 권한이 필요한 이유를 충분히 설명하고 핸드폰의 시스템 설정창으로 이동하여 권한을 설정할 수 있도록 안내해 주어야 합니다. 코드에 대한 자세한 부분은 코드를 보면서 다시 설명하겠습니다.

[그림 4-19] 권한 요청 거부 시 시스템 다이얼로그

4.11 Media Store를 이용하여
이미지 불러오기

안드로이드에서는 이미지나 동영상 등의 미디어 파일이 추가되면 추가된 파일에 대한 정보를 미디어 데이터베이스에 저장하게 됩니다. 미디어 파일이 업데이트되거나 처리되는 즉시 데이터가 업데이트되지 않는 경우가 있는데, 이는 안드로이드에서 일정 시간에 한번씩 미디어 스캔을 통해 미디어에 대한 정보를 검색, 저장하기 때문입니다.

4.11.1 MediaStore 클래스

저장된 미디어 처리를 담당하고 있는 클래스가 MediaStore 클래스입니다. MediaStore 클래스는 내부, 외부 저장소에 있는 모든 미디어에 대한 정보를 담고 있으므로 외부 저장소의 미디어 파일을 가져올 때 직접 처리하지 않아도 되어 편리하게 단말에 저장된 미디어 파일을 처리할 수 있습니다. MediaStore 클래스에는 이미지에 대한 부분과 비디오에 대한 부분이 따로 정의되어 있습니다. 필요에 따라 이미지와 비디오클래스를 사용하면 됩니다.

예제에서는 MediaStore에 저장되어 있는 이미지의 ID를 이용하여 썸네일을 가져오는 방법에 대해서 알아보려고 합니다. 안드로이드에는 인텐트Intent를 통해서 Activity를 실행할 때 대부분 실행 시킬 Activity의 클래스 이름을 정의하는 방법을 자주 사용했을 것입니다. 이렇게 명시적으로 실행되어야 되는 클래스를 지정하는 방식을 명시적 인텐트Explicit Intent라고 합니다. 그리고 명확하게 Activity를 설정하지 않고 Action이나, Category를 지정하여 지정된 범주에 속하는 앱에서 처리하도록 안드로이드 시스템에 던져주는 방식을 암시적 인텐트Implicit Intent라고 하는데요. 암시적 인텐트의 경우 다음의 그림과 같이 해당 클래스로 바로 실행시키는 것이 아닌 안드로이드 시스템을 한번 거쳐서 Activity가 실행되게 됩니다.

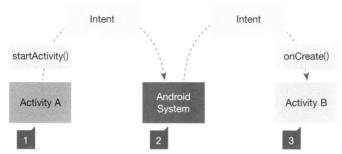

[그림 4-20] 암시적 인텐트 처리(reference Android developer)

명시적 인텐트로 Activity를 실행하는 방법은 이미 사용하여 알고 있으니 여기서는 암시적 인텐트를 사용하는 방법을 알아보겠습니다. 명시적 인텐트는 안드로이드에서 미리 정의되어 있는 Action을 통해서 Action에 맞는 UX가 제공되는 Activity를 실행시킬 수 있습니다. 그 중에 가장 자주 사용되는 Action이 ACTION_MAIN과 ACTION_EDIT입니다. ACTION_MAIN은 Manifest에서 "android.intent.action.MAIN"으로 정의된 경우에 호출됩니다. ACTION_EDIT는 사용자가 데이터를 수정할 수 있는 기능이 있는 Activity를 말합니다. 만들려는 앱이 안드로이드의 연락처에 접근해서 연락처를 수정할 경우 이 Action을 통해서 연락처의 정보를 수정할 수 있는 Activity를 불러 올 수 있습니다. 그리고 우리가 예제에서 사용하게 될 ACTION_PICK도 있습니다. ACTION_PICK은 갤러리에서 사용자가 선택한 이미지에 대한 정보를 선택할 수 있도록 제공하는 Activity를 불러주는 Action입니다. 이 ACTION_PICK을 통해서 선택한 값은 onActivityResult()를 통해서 받을 수 있습니다. 이런 Action에 대한 정의는 Manifest에서 Activity를 정의할 때 intent filter를 통해서 등록이 가능합니다. 애플리케이션이 Manifest 파일의 MainActivity에서 선언된 인텐트에 대해 좀더 자세한 내용을 알고 싶다면 안드로이드 개발 페이지를 참고하기 바랍니다.

• https://developer.android.com/guide/components/intents-filters.html

4.11.2 Media Store를 이용하여 이미지 불러오기

이제 UserActivity 클래스 파일을 추가하고 코드를 통해서 앞에서 언급했던 내용들이 어떻게 사용되고 있는지 자세히 살펴보겠습니다.

파일은 MainActivity가 있는 패키지에 같이 생성하려고 하는데요, SaveUserActivity 클래스는 화면을 보여주는 부분이고 MainActivity와 동일한 성격으로 구분했기 때문입니다.

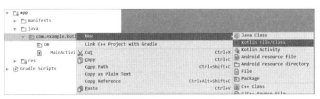

[그림 4-21] 새로운 클래스를 생성하는 메뉴

[그림 4-22] 클래스 이름을 설정하는 다이얼로그

이렇게 생성된 SaveUserActivity는 Media 클래스를 이용하여 사용자가 프로필 사진을 등록할 수 있도록 UX를 제공해야 합니다. 그리고 이름과 전화번호 나이를 기입할 수 있는 EditText View도 추가해주어야 합니다. 마지막으로 제일 중요한 부분으로 사용자가 입력한 내용을 저장하는 함수도 함께 추가해주어야 합니다.

소스코드를 보기에 앞서 레이아웃 파일이 어떻게 구성되어 있는지 살펴보겠습니다. 레이아웃 파일은 사용자 이름, 나이, 전화번호를 넣을 수 있도록 하고 사진은 안드로이드에서 보여지는 기본 이미지를 보여주되 사용자가 새로 지정할 때만 해당 이미지를 보여주도록 하겠습니다.

```xml
<?xml version="1.0" encoding="utf-8"?>
<LinearLayout xmlns:android="http://schemas.android.com/apk/res/android"
    android:orientation="vertical" android:layout_width="match_parent"
    android:layout_height="match_parent">

    <android.support.v7.widget.Toolbar
        android:id="@+id/toolbar"
        android:layout_width="match_parent"
        android:layout_height="wrap_content"
        android:minHeight="?attr/actionBarSize"
        android:background="?attr/colorPrimary" />

    <RelativeLayout
        android:layout_width="match_parent"
        android:layout_height="match_parent"
        android:padding="10dp">
        <ImageView
            android:id="@+id/sel_image"
            android:layout_width="48dp"
            android:layout_height="48dp"
            android:clickable="true"
            android:background="@android:drawable/ic_menu_gallery"
            android:onClick="onClickImage"/>

        <RelativeLayout
            android:id="@+id/frame_info"
            android:layout_width="match_parent"
            android:layout_height="wrap_content"
            android:layout_toRightOf="@+id/sel_image">
            <TextView
                android:id="@+id/txt_name"
                android:layout_width="wrap_content"
                android:layout_height="48dp"
                android:text="이름 : "
                android:textColor="@android:color/black"
                android:textSize="15sp"/>
            <EditText
                android:id="@+id/edit_name"
                android:layout_width="match_parent"
                android:layout_height="48dp"
                android:layout_toRightOf="@+id/txt_name"
                android:textSize="15dp"
                android:textColor="@android:color/black"/>

            <TextView
                android:id="@+id/txt_age"
                android:layout_width="wrap_content"
                android:layout_height="48dp"
                android:layout_below="@+id/txt_name"
```

```xml
            android:text="나이 : "
            android:textColor="@android:color/black"
            android:textSize="15sp"/>
        <EditText
            android:id="@+id/edit_age"
            android:layout_width="match_parent"
            android:layout_height="48dp"
            android:layout_below="@+id/edit_name"
            android:layout_toRightOf="@+id/txt_age"
            android:textSize="15dp"
            android:textColor="@android:color/black"/>

        <TextView
            android:id="@+id/txt_tel"
            android:layout_width="wrap_content"
            android:layout_height="48dp"
            android:layout_below="@+id/txt_age"
            android:text="전화번호 : "
            android:textColor="@android:color/black"
            android:textSize="15sp"/>

        <EditText
            android:id="@+id/edit_tel"
            android:layout_width="match_parent"
            android:layout_height="48dp"
            android:layout_below="@+id/edit_age"
            android:layout_toRightOf="@+id/txt_tel"
            android:textSize="15dp"
            android:textColor="@android:color/black"/>
    </RelativeLayout>
    <Button
        android:id="@+id/btn_add"
        android:layout_width="match_parent"
        android:layout_height="48dp"
        android:layout_alignParentBottom="true"
        android:text="추 가"
        android:onClick="onClickSaveBtn"/>
    </RelativeLayout>
</LinearLayout>
```

다음은 필자가 작성한 SaveUserActivity 클래스인데요, 함께 살펴보겠습니다.

```kotlin
package com.kotlin.registerusers
import android.app.AlertDialog
import android.app.Dialog
import android.content.DialogInterface
import android.content.Intent
import android.content.pm.PackageManager
import android.graphics.Bitmap
import android.net.Uri
import android.os.Bundle
import android.provider.MediaStore
import android.support.v4.app.ActivityCompat
import android.support.v7.app.AppCompatActivity
import android.view.View
import android.widget.ImageView
import com.kotlin.registerusers.DB.DBHandler_Anko
import com.kotlin.registerusers.DB.UserInfo
import kotlinx.android.synthetic.main.activity_save_user.*
import android.util.Log
import android.provider.Settings
import java.util.*

class SaveUserActivity():AppCompatActivity(){
    val mDbHandler = DBHandler_Anko(this)
    val PICK_IMAGE:Int = 1010                                            ❶
    val REQ_PERMISSION = 1011

    var mSelectedImgId:Long = 0

    override fun onCreate(savedInstanceState: Bundle?) {
        super.onCreate(savedInstanceState)
        setContentView(R.layout.activity_save_user)
    }

    override fun onDestroy() {
        super.onDestroy()
    }

    fun onClickImage(view:View?)
    {
        val check = ActivityCompat.checkSelfPermission(this, android.Manifest.
permission.WRITE_EXTERNAL_STORAGE)                                       ❷
        if(check != PackageManager.PERMISSION_GRANTED)
        {
            ActivityCompat.requestPermissions(this, arrayOf(android.Manifest.
permission.WRITE_EXTERNAL_STORAGE), REQ_PERMISSION)
        }
```

```
        else{ ······································································· ❸
            val i = Intent(Intent.ACTION_PICK,
                    android.provider.MediaStore.Images.Media.EXTERNAL_CONTENT_URI)
            startActivityForResult(i, PICK_IMAGE)
        }
    }

    override fun onRequestPermissionsResult(requestCode: Int, permissions: Array<out
String>, grantResults: IntArray) { ·················································· ❹
        var notGranted = kotlin.arrayOfNulls<String>(permissions.size)
        when(requestCode)
        {
            REQ_PERMISSION->{
                var index:Int = 0
                for(i in 0..permissions.size-1) {
                if (grantResults[i] != PackageManager.PERMISSION_GRANTED) {
                val rationale = ActivityCompat.
                    shouldShowRequestPermissionRationale(this, permissions[i])
                if (!rationale) {  //Show Dialog that explain to grant permission
                val dialogBuild = AlertDialog.Builder(this).setTitle("권한 설정")
                    .setMessage("이미지 썸네일을 만들기 위해서 저장권한이 필요합니다. 승인하지 않으면
이미지를 설정할 수 없습니다.")
.setCancelable(true)
                    .setPositiveButton("설정하러 가기"){
                            dialog, whichButton -> showSetting()
                        }
                        dialogBuild.create().show()
                }
                else
                {
                    notGranted[index++] = permissions[i]
                }
}

                if(notGranted.isNotEmpty())
                {
                    ActivityCompat.requestPermissions(this, notGranted, REQ_
PERMISSION)
                }
            }
        }
    }

    fun showSetting()
    {
        val intent = Intent(Settings.ACTION_APPLICATION_DETAILS_SETTINGS, ·········· ❺
                Uri.fromParts("package", packageName, null))
        intent.addFlags(Intent.FLAG_ACTIVITY_NEW_TASK)
        startActivity(intent)
    }
```

```kotlin
    override fun onActivityResult(requestCode:Int, resultCode:Int, data:Intent?)          ⑥
{
    super.onActivityResult(requestCode, resultCode, data)
    when(requestCode)
    {
        PICK_IMAGE->{
            val uri = data?.getData()
            uri?:return

            mSelectedImgId = getImageID(uri)
            if(mSelectedImgId == -1L ) return
            val bitmpa:Bitmap = MediaStore.Images.Thumbnails.getThumbnail(contentRes
olver,mSelectedImgId,
                    MediaStore.Images.Thumbnails.MICRO_KIND,null)

            val sel_image:ImageView = findViewById(R.id.sel_image) as ImageView
            sel_image.setImageBitmap(bitmpa)
        }
    }
}

    fun getImageID(uri:Uri):Long{                                                          ⑦
    val projection = arrayOf(MediaStore.Images.Media._ID)
    val cursor = managedQuery(uri, projection, null, null, null)
    val column_index = cursor.getColumnIndex(MediaStore.Images.Media._ID)

    if(column_index == -1)
        return -1;

    cursor.moveToFirst()
    val id = cursor.getLong(column_index);
    cursor.close()
    return id
}

    fun onClickSaveBtn(view: View)                                                         ⑧
    {
        val user:UserInfo = UserInfo(edit_name.text.toString(), edit_age.text.
toString(),
                edit_tel.text.toString(), mSelectedImgId.toString())

        mDbHandler.addUser(user)
        mDbHandler.close()
        finish()
    }
}
```

❶ 외부 클래스로 요청한 작업에 대한 결과값 구분 변수

외부 클래스에 요청한 작업에 대한 결과값을 구분하기 위한 변수입니다. 변수값이 변경되지 않도록 val 로 선언했습니다. 요청 구분 변수 이름에서 볼 수 있듯 퍼미션과 Media 클래스에 작업 요청을 보낼 것 입니다. 이 요청에 대한 결과값은 onActivityResult 함수에서 받을 수 있습니다.

❷ 퍼미션 체크와 권한 요청

퍼미션을 체크하고 만약 쓰기 저장 권한이 허용되어 있지 않은 경우에는 arrayOf()에 요청하는 권한을 담아 시스템에 권한을 요청합니다. 시스템에서 이 권한을 변경하지는 않겠지만 명확하게 하기 위해서 수정이 될 수 없는 arrayOf()를 사용했습니다.

❸ 권한이 허용되어 있는 경우의 처리

권한이 허용되어 있는 경우 미디어 스토어에 Pick Action이 가능한 Activity를 띄워 달라는 암시적인 인텐트를 만들어 시스템에 요청했습니다. 시스템에서 이 요청을 받게 되면 미디어 스토어에서 Pick Action을 처리할 수 있는 액티비티를 띄우게 됩니다. 기본적으로 Pick Action에 대한 Activity는 갤러리의 이미지를 선택하는 Activity인데요, 인텐트에 EXTERNAL_CONTENT_URI를 설정하는 부분이 보입니다. Content URI는 안드로이드에서 안드로이드 시스템 DB에 접근할 때 Content Provider를 사용하여 접근할 수 있도록 하기 위해 만든 주소라고 보면 됩니다. 그런데 왜 Extenal Content URI를 사용했을 까요? 우리는 SD가 카드에 설정된 이미지뿐만 아니라 내부 이미지를 설정하고 싶은데 말이죠. 여기서 사용하고 있는 External의 의미는 외부 저장소가 아니라 안드로이드에서 어떤 앱이든지 사용할 수 있도록 설정해 둔 저장소라는 의미로 External을 사용합니다. Internal을 사용하는 경우 안드로이드나 시스템에서 사용하는 저장소이므로 접근이 제한될 수 있습니다.

❹ 시스템 권한 요청 처리

시스템에 권한 요청을 하면 권한에 대한 결과 값은 onRequestPermissionsResult 함수로 전달됩니다. 이 함수는 Activity 클래스에 종속되어 있는 함수로 Activity 클래스에서 함수를 오버라이드해주어야 합니다. 함수는 요청한 권한과 이 권한에 대한 승인 결과를 다른 배열로 넘겨줍니다. 그래서 요청한 권한에 대해서 하나씩 살펴보면서 사용자가 거부를 한 권한에 대해서는 다시 요청을 하도록 해야 됩니다. 배열로 전달된 권한에 대해서 사용자가 다시 보지 않기를 클릭하지 않았는지 살펴보기 위해서 shouldShowRequestPermissionRationale 함수를 호출해봅니다. 이 함수의 결과값이 false로 나온다면 사용자가 다시 보지 않기를 클릭한 경우인데요, 이때는 앞에서 말했던 바와 같이 ActivityCompat. checkSelfPermission() 함수를 이용하여 권한을 요청하더라도 무시되므로 사용자에게 권한이 필요한 이유를 충분히 알려준 다음 시스템의 설정창으로 이동하여 권한을 허용하도록 유도해야 합니다.

❺ 사용자가 권한을 부여하도록 시스템 설정창으로 이동하기

시스템에 설정창으로 보낼 때 권한을 요청하는 앱 설정창으로 보내야 사용자가 권한 설정을 직접 찾는 수고로움을 덜어줄 수 있습니다. 그래서 package name을 같이 설정해줍니다. 이렇게 인텐트를 만들어 보내게 되면 아래와 같이 앱 설정으로 이동하는데요, 여기서 권한 메뉴에 들어가서 설정할 수 있도록 유도해야 합니다.

[그림 4-23] 시스템 앱 설정에서 권한 요청 요구하기

⑥ 엘비스 연산자를 사용하여 예외 방지

❸에서 시스템에 요청하고 사용자가 선택을 하게 되면 onActivityResult 함수로 결과값이 전달됩니다. 이때 갤러리에서 전달되는 내용은 인자 중 data 인자에 값이 담기게 됩니다. 이 data에서 값을 추출하면 선택된 이미지가 무엇인지 알 수 있는데요, 하지만 인자 data에 저장되어 있는 값은 우리가 바로 쓸 수 있는 값이 아니라 선택된 사진의 위치를 알려줍니다. 그래서 이 위치를 이용하여 해당 이미지를 찾아서 가져와야 됩니다. 그 위치를 찾아서 가져오는 방법이 ❼입니다. 이 함수를 통해서 선택된 이미지의 ID 값을 이용해서 MediaStore에 썸네일을 받아서 ImageView에 설정을 해주었습니다. 하지만 만약 사용자가 사진을 선택하지 않고 그냥 〈Back〉키를 눌러서 선택 화면을 나왔다면, 선택된 값이 없으므로 URI 값이 없을 경우가 발생합니다. 이런 경우에 대해서 예외 처리를 하지 않게 되면 Exception이 발생합니다. Exception을 방지하기 위해서 엘비스 연산자를 사용하여 URI가 null이면 리턴을 해주어 ID를 들고 오는 함수를 수행하지 않도록 했습니다. 자바로 표현이 되었다면 if(uri == null) {return;} 이렇게 표현될 것입니다. 코틀린으로 작성하면 좀더 코드를 간결하게 만들 수 있습니다.

❼ 컨텐트 프로바이더를 이용하여 이미지 가져오기

시스템에서 전해준 URI 값은 갤러리에 접근할 수 있도록 해주는 ContentProvider의 주소입니다. 이렇게 ContentProvider를 제공해주면 MediaStore에 선택된 이미지에 대해서 정보를 요청할 수 있습니다. 우리가 필요한 값은 이미지에 대한 ID이므로 selection을 MediaStore.Images.Media._ID만 설정했습니다. 필요한 값에 따라 selection에 추가하여 사용할 수 있습니다. 이렇게 MediaStore에 요청하면 결과 값은 커서로 넘겨줍니다.

❽ 사용자가 작성한 내용 저장 후 메인 화면으로 이동하기

사용자가 작성한 내용의 값을 UserInfo data class에 담아서 DBHandler에 넘겨주고 저장하는 코드입니다. 저장이 완료되고 나면 다시 메인 화면으로 돌아갈 수 있도록 현재 Activity를 끝내는 finish 함수를 호출했습니다. 코드를 보면 edixt_name은 layout의 id를 바로 사용한 것을 볼 수 있습니다. 3장에서 본 것처럼 app gradle apply plugin:'kotlin-android-extensions'를 통해서 kotlin extensions를 참조해주면 됩니다.

4.12 Manifest에 선언되는 내용

지금까지 애플리케이션 화면을 구성하는 모든 파일에 대해서 살펴보았습니다. 이 절에서는 마지막으로 Manifest에 선언되는 내용들을 살펴보겠습니다.

```xml
<?xml version="1.0" encoding="utf-8"?>
<manifest xmlns:android="http://schemas.android.com/apk/res/android"
    package="com.kotlin.registerusers">
    <uses-permission android:name="android.permission.WRITE_EXTERNAL_STORAGE"/>
    <application
        android:allowBackup="true"
        android:icon="@mipmap/ic_launcher"
        android:label="@string/app_name"
        android:supportsRtl="true"
        android:theme="@style/AppTheme">
        <activity android:name=".MainActivity">
            <intent-filter>
                <action android:name="android.intent.action.MAIN" />
                <category android:name="android.intent.category.LAUNCHER" />
            </intent-filter>
        </activity>
        <activity android:name=".SaveUserActivity"/>
        <activity android:name=".AnkoDSLActivity"/>
    </application>

</manifest>
```

소스코드에서 사용한 권한과 Manifest에서 선언한 권한이 같음을 볼 수 있습니다. 요청하는 권한과 코드에서 요청하는 권한이 다르게 되면 권한 동의 다이얼로그가 뜨지 않게 되니 조심해서 사용하세요. 권한에 대한 설명 중에 요청하는 권한 그룹 중에 하나의 권한이 승인되면 그룹의 모든 권한을 사용할 수 있다고 생각하여 쓰기 권한이 필요한 부분에서 WRITE_EXTERNAL_STORAGE를 요청하지 않고 READ_EXTERNAL_STORAGE를 요청하는 실수를 할 수 있기 때문입니다.

사용자 등록 애플리케이션을 실행하면 다음 이미지와 같습니다. ❖ 버튼을 이용하여 사용자 정보를 추가하면 사용자 정보에 이미지에 대한 썸네일 저장을 위해 사용자에게 저장한 권한을 승인을 요구합니다. 사용자가 권한을 승인해주면 이미지를 선택하여 보여 줄 수 있습니다. 추가된 정보는 리스트를 이용하여 보여줍니다.

[그림 4-24] 완성된 사용자 등록 애플리케이션

애플리케이션을 완성하고 나면 아래와 같은 소스트리가 생성됩니다.

[그림 4-25] 완성된 사용자 등록 애플리케이션 소스트리

정리하며

4장에서는 사용자 등록 애플리케이션 예제를 통해서 자료를 데이터베이스에 저장하는 방법뿐만 아니라 안드로이드 마시멜로우 버전의 권한에 대한 부분까지 다양하게 살펴보았습니다. 2장을 통해서 문법에는 조금씩 적응해가고 있지만 아직 안드로이드에서 많이 사용하고 있는 함수나 코틀린의 람다_{Lambda}를 사용하는 방법이 많이 나오지 않아 자바와 다른 것이 없다고 생각하는 독자도 있으리라 생각합니다. 다음 예제에서는 안드로이드에서 많이 사용하고 있는 AsyncTask에 대한 내용과 사용자가 직접 정의한 인터페이스를 이용했을 경우 람다를 어떻게 활용할 수 있는지에 대해서 살펴보면서 코틀린에 적응해보겠습니다.

연습문제

1. AnkoDSLActivity에서 〈show〉 버튼 아래에 〈종료〉 버튼을 추가해봅니다. 그리고 〈종료〉 버튼을 눌렀을 때 해당 Activity를 종료하는 기능을 추가해봅니다.

2. 사용자 애플리케이션 리스트 화면(MainActivity.kt)에서 사용자를 클릭했을 경우 해당 사용자의 정보를 보여주고 사용자가 정보를 수정할 수 있도록 SaveUserActivity를 수정해봅니다. 이를 위해서 SaveUserActivity를 실행했을 때, '추가'와 '업데이트'의 경우로 나눠서 실행될 수 있도록 옵션을 주어야 할 것입니다.

일기예보 애플리케이션
만들기

05

이 장에서는 날씨 정보를 받아 오는 오픈 API를 사용하여 날씨 애플리케이션을 만들어보겠습니다. 오픈 API는 OpenWeatherMap을 사용하며, 날씨를 리스트로 표시하기 위해서 3장에서 사용했던 RecyclerListView를 다시 사용합니다. RecyclerView에 대한 자세한 내용은 3장을 참고하기 바랍니다. 그리고 자료 저장을 위해서 Anko 라이브러리를 이용하여 DB 클래스를 만들 것입니다. Anko에 대한 자세한 내용은 4장을 참고하도록 하고, 자, 이제 본격적으로 애플리케이션을 만들러 떠나볼까요?

5.1 일기예보 애플리케이션 소개

RecyclerView와 CardView를 이용하여 날씨를 보여주고 4장에서 배웠던 Anko 라이브러리로 DB 클래스를 만들어 사용자가 선택한 지역을 저장하여 사용자가 볼 수 있도록 만들 것입니다.

5.1.1 어떤 애플리케이션을 만들까?

애플리케이션을 만들기에 앞서, 앞 장에서 배웠던 내용에 대해서는 자세하게 설명하지 않음을 먼저 말씀드립니다. 예제를 따라하면서 의문이 생기는 부분은 해당 내용을 다시 확인하기를 권합니다. 3장에서 학습한 RecyclerView나 4장에서 다뤘던 DB사용법은 앱을 만들면서 자주 사용할 요소들이라 사용 방법을 알아 두면 도움이 많이 되니 숙지해두는 게 좋습니다.

5장에서 제작할 날씨 애플리케이션의 완성된 모습은 다음과 같습니다.

[그림 5-1] 날씨 정보(왼쪽)와 지역 추가 화면(오른쪽)

타이틀바_{Titlebar}에 있는 ▦ 아이콘을 클릭하면 도시나 지역을 추가할 수 있습니다. 4장에서 타이틀바를 사용하는 방법에 대해서 자세하게 설명했으므로, 여기서는 간략하게 코드만 살펴보고 넘어 가겠습니다. 자세한 설명은 4장을 참조하세요.

5.1.2 개발 사양 소개

애플리케이션 개발을 위한 환경을 소개하겠습니다.

- 안드로이드 스튜디오 버전 : 안드로이드 2.3.3
- 안드로이드 SDK 버전 : 25

필자는 아래와 같이 프로젝트를 생성했는데요, 앞장에서와 같이 프로젝트 이름은 독자가 원하는 대로 설정할 수 있습니다.

[그림 5-2] 프로젝트 생성하기

5.2 날씨 정보를 위한 OpenWeatherAPI 키 생성하기

날씨 정보를 전달할 수 있도록 주요 도시의 현재 날씨와 온도 정보를 제공하는 사이트에 접근하여, 애플리케이션에 정보를 실시간으로 소개할 수 있도록, 애플리케이션 코딩에 앞서 OpenWeatherAPI를 사용법에 대해서 알아보겠습니다.

5.2.1 OpenWeatherMap 사이트에서 API 키 받기

1. 회원 가입하기

Open API를 사용하려면 앱에서 사용할 OpenWeatherMap의 API 키가 필요합니다. 먼저 https://openweathermap.org/api에 접속하면, 다음과 같은 웹 페이지가 나옵니다. 웹 페이지에서 OpenWeatherMap에서 어떤 API를 제공하고 있는지, 그리고 제공하는 API의 무료 범위와 유료 범위에 대한 간략하게 설명하고 있습니다.

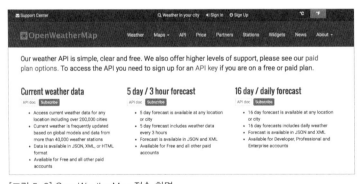

[그림 5-3] OpenWeatherMap 접속 화면

웹 페이지 상단에 있는 [Sign up] 메뉴를 이용해서 홈페이지에 가입하고 API 키를 받습니다. 이미 OpenWeatherMap 계정이 있다면, 이 과정을 생략합니다.

[그림 5-4] 회원 가입을 위한 Sing Up 메뉴

가입에 필요한 항목은 이름, 이메일 주소와 비밀번호입니다.

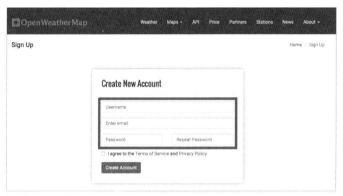

[그림 5-5] 회원 가입 페이지

가입을 완료하고 나면 아래와 같은 창이 뜨는데 Company 이름은 필수 조건이 아니니 임의대로 기입하고, 목적은 'Mobile App Development'를 선택하고 〈Generate〉 버튼을 누릅니다.

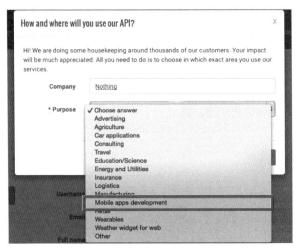

[그림 5-6] API를 사용하는 목적을 선택하는 웹 페이지

가입이 완료되면 MyHome 화면으로 페이지가 이동합니다. MyHome 페이지의 두 번째 탭에 보면 [API Keys] 메뉴를 볼 수 있습니다. [API Keys] 메뉴에서 API를 사용할 때 사용하게 될 키를 볼 수 있는데요, 따로 이름을 지정하지 않았으므로 디폴트입니다. 설명에도 나와 있듯이 필요한 만큼의 키를 생성하여 사용할 수 있습니다.

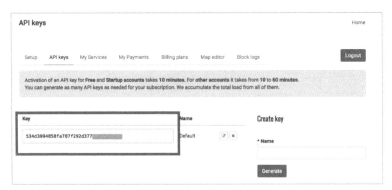

[그림 5-7] API 키를 확인하고 API 키 이름을 지정하는 웹 페이지

5.2.2 OpenWeatherAPI 사용 방법

날씨 앱에서는 현재 날씨와 기상 예보 API를 사용할 것입니다. 먼저 API 사용 방법을 잠깐 살펴보겠습니다. API로 날씨 정보를 받아 올 때는 접근 방법이 다양합니다. 접근 방법으로는 도시 이름, zip 코드, 위도/경도 등이 있습니다. 또한 OpenWeatherMap 에서 제공하는 City ID를 이용하여 날씨 정보를 질의하는 방법도 가능합니다.

필자는 이 중에 City ID로 날씨 정보를 질의하는 방법을 선택했습니다. 이 방법이 날씨 정보를 받아오는 데 가장 정확한 값을 받을 수 있기 때문입니다. 하지만 City ID는 우리나라의 지역 정보와 일치하지 않습니다. City ID라고 하지만 도시가 아닌 동이나 지역구이기도 합니다. 뿐만 아니라 OpenWeatherMap은 한글을 지원하지 않기 때문에 ID에 해당하는 도시 이름이 영어로 되어 있어 한글로 변환해주는 작업도 필요합니다. 이에 대한 작업을 뒤에서 좀더 자세하게 설명하겠구요, 우선은 날씨 앱 개발을 위한 환경을 먼저 설정하도록 하겠습니다.

5.3 애플리케이션에서 사용할 라이브러리 추가하기

날씨 애플리케이션에서는 여러 가지 외부 라이브러리를 사용하려고 하는데요. 시작해봅니다.

5.3.1 사용할 라이브러리 소개

앱에서 사용할 외부를 라이브러리를 표로 정리했는데요, 각 라이브러리의 쓰임에 대해 상세히 살펴보겠습니다.

[표 5-1] 앱에서 사용할 외부 라이브러리

Gson Recyclerview Cardview	안드로이드 스튜디오의 메뉴를 이용하여 추가가 가능한 라이브러리
Picasso Anko-sqlite	외부에서 라이브러리에 대한 정보를 프로그래머가 추가해야 하는 라이브러리

Gson, RecyclerView, Cardview

Gson은 Json으로 받은 날씨 정보 데이터를 쉽게 파싱하여 사용할 수 있도록 도와주는 라이브러리입니다. 3장에서 나라 정보를 파싱할 때 사용할 때 사용했던 라이브러리죠.

RecyclerView는 List 형식의 UI에서 메모리를 효율적으로 사용할 수 있도록 도와주는 라이브러리입니다. 그리고 날씨 정보를 가장 잘 보여 줄 수 있는 뷰 형태가 CardVIew 형식이라 CardView를 추가하여 사용할 것입니다. Gson, RecyclerView와 CardView 는 안드로이드에서 제공하는 Support library입니다. 그래서 손쉽게 프로젝트 module setting 메뉴를 통해서 추가할 수 있습니다.

Picasso, anko-sqlite

Picasso 라이브러리는 이미지를 처리할 때 유용한데요, OpenWeatherMap에서 받는 데이터의 날씨 아이콘은 URL 형식으로 제공됩니다. 이렇게 제공된 데이터를 직접 처리하기 위해서는 URL로 날씨 아이콘을 받아서 ImageView에 로드해줘야 합니다. 그러나 외부 URL로 이미지를 처리하는 방법은 생각처럼 간단하지가 않습니다.

이미지를 사용할 때마다 URL로부터 매번 이미지를 받아오면 메모리에 낭비가 생겨, 이미 받은 이미지는 저장해두는 이미지 캐싱으로 메모리를 관리를 해주어야 합니다. 하지만 Picasso 라이브러리를 사용하게 되면 라이브러리에서 이미지 캐싱을 처리해주므로 URL로 이미지를 받아 와야 할 때 편리합니다.

Tip

Picasso 라이브러리에 대한 자세한 내용을 알고 싶다면 http://square.github.io/picasso/ 사이트를 참고하기 바랍니다.

마지막으로 사용할 라이브러리는 4장에서 사용했던 anko-sqlite 라이브러리입니다.

4장에서도 언급한 바 있지만 anko를 사용하게 되면 개발자가 DB 프로그래밍을 할 때 실수할 수 있는 부분이나 누락될 수 있는 코딩을 라이브러리에서 처리해주어 실수를 방지할 수 있어 유용한 라이브러리라고 소개했습니다.

Picasso와 anko-sqlite 라이브러리는 안드로이드의 module setting을 이용하여 추가할 수 없으므로 직접 찾아서 gradle 파일에 추가해 주어야 합니다.

다음은 추가된 라이브러리를 보여주는 예제입니다. support 라이브러리의 25.3.1는 필자의 안드로이드 스튜디오의 안드로이드 버전이 25이기 때문인데요, 독자의 안드로이드 스튜디오의 안드로이드 버전에 따라 달라질 수 있습니다. 3장에서 언급했듯이 support 라이브러리와 안드로이드 버전은 같게 진행해야 합니다. 그리고 xml의 레이아웃의 view를 id로 참조하기 위해서 kotlin extensions를 사용하려면 플러그인을 추가해주어야 합니다.

```
apply plugin:'com.android.application'
apply plugin:'kotlin-android'
apply plugin:'kotlin-android-extensions'

dependencies {
…
    compile 'com.google.code.gson:gson:2.8.1'
    compile 'com.android.support:recyclerview-v7:25.3.1'
    compile 'com.android.support:cardview-v7:25.3.1'
    compile 'com.squareup.picasso:picasso:2.5.2'
    compile "org.jetbrains.anko:anko-sqlite:0.10.1" // Anko를 사용할 때 적용한 라이브러리
}
```

코딩에 들어가기에 앞서, 3장을 참고해서 gradle 파일에 에러가 없도록 모두 수정한 후에 코딩에 들어가도록 합니다. 그리고 코틀린 설정이 안 되면 코틀린 문법이 제대로 적용이 안 되니 [Tool]-[Kotlin]-[Configure Kotlin in Project] 메뉴를 이용해서 코틀린이 제대로 적용될 수 있도록 합니다.

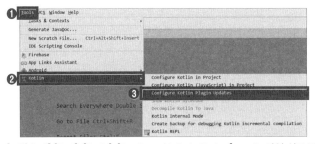

[그림 5-8] [Tool]-[Kotlin]-[Configure Kotlin in Project] gradle 파일 싱크 맞추기

5.4 날씨 정보를 제공할 도시 파일 추가하기

이번 절에서는 날씨 정보를 제공할 도시 데이터를 가져오는 방법과 이를 Json 파일로 만들어 추가하는 방법을 알아보겠습니다.

5.4.1 정보 추가할 도시 데이터 가져오기

라이브러리를 추가했으면 이제 날씨 정보를 제공할 도시 데이터를 가져오는 방법에 대해서 알아보겠습니다. OpenWeatherAPI 페이지 중 다음 링크를 열어봅니다.

- http://bulk.openweathermap.org/sample/

이 페이지에는, 아래와 같이 OpenWeatherMap에서 여러 가지 정보들을 제공합니다. 이중에 city_list_json.gz는 OpenWeatherMap에서 제공하는 도시 ID 정보를 Json 형태로 만들어 둔 파일인데요, 이 파일을 다운로드하겠습니다.

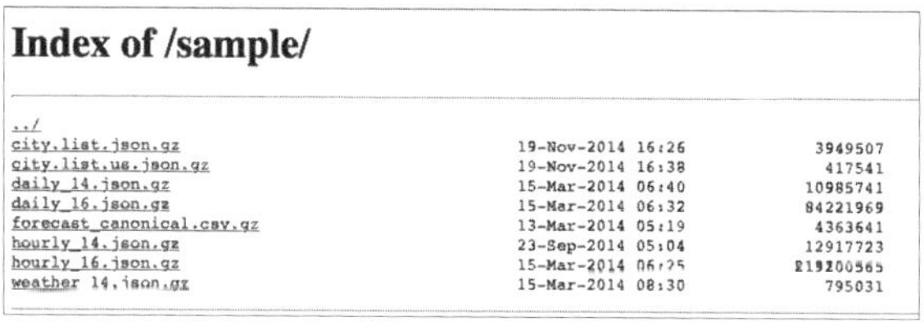

Index of /sample/

../		
city.list.json.gz	19-Nov-2014 16:26	3949507
city.list.us.json.gz	19-Nov-2014 16:38	417541
daily_14.json.gz	15-Mar-2014 06:40	10985741
daily_16.json.gz	15-Mar-2014 06:32	84221969
forecast_canonical.csv.gz	13-Mar-2014 05:19	4363641
hourly_14.json.gz	23-Sep-2014 05:04	12917723
hourly_16.json.gz	15-Mar-2014 06:25	219200565
weather 14.json.gz	15-Mar-2014 08:30	795031

[그림 5-9] OpenWeatherMap에서 제공하는 정보 페이지

city_list_json 파일을 열어 보면 아래 그림과 같이 각 도시 ID, 도시 이름, 소속 국가, 그리고 해당 도시의 좌표로 Json이 구성되어 있습니다.

```
{
  "id": 1832215,
  "name": "Enjitsu",
  "country": "KR",
  "coord": {
    "lon": 129.345001,
    "lat": 35.994171
  }
},
{
  "id": 1832697,
  "name": "yeoncheongun",
  "country": "KR",
  "coord": {
    "lon": 127.075768,
    "lat": 38.09484
  }
},
{
  "id": 1832830,
  "name": "Yangpyong",
  "country": "KR",
  "coord": {
    "lon": 127.490562,
    "lat": 37.489719
  }
},
{
  "id": 1832847,
  "name": "Yangju",
  "country": "KR",
  "coord": {
    "lon": 127.061691,
    "lat": 37.833111
  }
},
{
  "id": 1833466,
  "name": "Wanju",
  "country": "KR",
  "coord": {
    "lon": 127.147522,
    "lat": 35.845089
```

[그림 5-10] OpenWeatherMap에서 제공하는 city_list_json 파일

하지만 [그림 5-10]에서 보듯 도시 이름이 영문으로 되어 있고, 우리가 생각하는 도시나 군별로 잘 나눠져 있지 않고 생소한 지역으로 표시되어 있는 것을 볼 수 있습니다. 그래서 이 데이터를 한글로 변경하고 좌표를 수정하는 작업이 필요합니다. 수정 작업에 대해서는 따로 설명하지 않고, 필자가 수정해서 만든 Json 파일을 제공하는 것으로 설명을 계속 이어 가겠습니다.

다음 예제는 city_list_json 파일에서 필자가 알고 있는 지역의 좌표를 확인하고 이름을 한글로 바꾼 데이터입니다. json 파일에서는 띄어쓰기나 문단 바꿈이 잘못되면 에러가 발생하기도 해서 주의해야 하는데요, 이 데이터가 나중에 파일에 보여질 때는 [그림 5-15]와 같아야 합니다.

[예제 5-2] city_list_json 파일 기반으로 바꾼 데이터

```
{"city":[{"_id":1846735,"name":"잠실","country":"KR","coord":{"lon":127,"lat":37.51667}},
{"_id":1837055,"name":"용산","country":"KR","coord":{"lon":126.966667,"lat":37.533329}},
{"_id":1833742,"name":"울산광역시","country":"KR","coord":{"lon":129.266663,"lat":35.566669}},
{"_id":1838519,"name":"부산광역시","country":"KR","coord":{"lon":129.050003,"lat":35.133331}},
{"_id":1841909,"name":"과천","country":"KR","coord":{"lon":126.989166,"lat":37.42889}},
{"_id":1843137,"name":"강릉","country":"KR","coord":{"lon":128.896103,"lat":37.755562}},
{"_id":1835648,"name":"순천","country":"KR","coord":{"lon":127.489471,"lat":34.948078}},
{"_id":1841149,"name":"밀양","country":"KR","coord":{"lon":128.748886,"lat":35.493328}},
{"_id":1835650,"name":"순창","country":"KR","coord":{"lon":127.142776,"lat":35.373611}},
{"_id":1894079,"name":"임실","country":"KR","coord":{"lon":127.89463,"lat":35.749802}},
{"_id":1846149,"name":"칠곡","country":"KR","coord":{"lon":128.551392,"lat":35.920559}},
{"_id":1845033,"name":"충주","country":"KR","coord":{"lon":127.93222,"lat":36.970558}},
{"_id":1844788,"name":"하동","country":"KR","coord":{"lon":127.749168,"lat":35.069439}},
{"_id":1846912,"name":"안성","country":"KR","coord":{"lon":127.270279,"lat":37.01083}},
{"_id":1912209,"name":"남양주","country":"KR","coord":{"lon":127.220284,"lat":37.589722}}]}
```

이 데이터를 assets 폴더에 저장하여 앱에서 사용할 수 있도록 파일을 추가해보겠습니다.

5.4.2 assets 폴더에 Json 파일 추가하기

프로젝트를 생성하면 java, res 폴더는 기본으로 생성되지만 assets 폴더는 생성되지 않아 개발자가 직접 생성해주어야 합니다. assets 폴더를 생성하고 Json 파일을 추가해보겠습니다.

1. assets 폴더 생성하기

그림과 같이 [app]에서 마우스 오른쪽 버튼을 눌러 [New]-[Folder]-[Assets Folder] 메뉴를 선택하여 assets 폴더를 생성해줍니다.

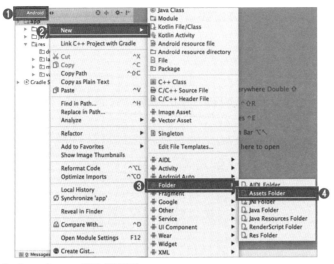

[그림 5-11] assets 폴더 생성하기

이렇게 생성된 assets 폴더는 소스트리를 살펴보면 app/src/main 폴더 밑에 생성됨을 알 수 있는데요, 이 폴더는 res와 java 코드와 함께 존재합니다.

2. 지역 코드 파일 생성하기

아래와 같이 assets 폴더가 생성되면 [assets] 폴더에서 마우스 오른쪽 버튼을 눌러 [New]-[File]을 클릭합니다.

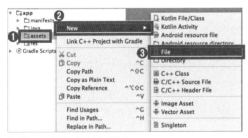

[그림 5-12] 새 파일 생성하기

새 창이 뜨면 파일 이름을 입력하고 〈OK〉 버튼을 누릅니다. 필자는 'areaCode'로 파일 이름을 지정했습니다.

[그림 5-13] 파일 이름 지정하기

3. 추가되는 파일 저장하기

파일 이름을 지정하는 〈OK〉 버튼을 클릭하면 아래와 같이 파일의 속성에 대해서 물어보는 다이얼로그가 뜨는데 이때, Json을 선택하고 〈OK〉 버튼을 누릅니다. 그럼 assets 폴더에 areaCode 파일이 생성된 것을 볼 수 있습니다.

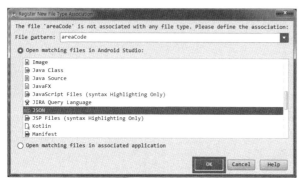

[그림 5-14] 새로 추가되는 파일 종류를 선택하기

파일의 종류를 선택하는 다이얼로그기 뜨는 이유는 파일 이름을 정할 때 파일 확장자를 지정하지 않았기 때문입니다. 파일 이름을 정할 때 areaCode.json로 확장자를 같이 적어주면 파일 종류를 선택하는 다이얼로그는 뜨지 않습니다.

생성된 areaCode에 앞에서 보았던 도시 정보의 Json 자료를 붙여 넣습니다. 이렇게 생성된 Json 파일은 아래와 그림과 같습니다.

{"city":[{"_id":1846735,"name":"잠실","country":"KR","coord":{"lon":127,"lat":37.51667}},
{"_id":1837055,"name":"용산","country":"KR","coord":{"lon":126.966667,"lat":37.533329}},
{"_id":1833742,"name":"울산광역시","country":"KR","coord":{"lon":129.266663,"lat":35.566669}},
{"_id":1838519,"name":"부산광역시","country":"KR","coord":{"lon":129.050003,"lat":35.133331}},
{"_id":1841909,"name":"과천","country":"KR","coord":{"lon":126.989166,"lat":37.42889}},
{"_id":1843137,"name":"강릉","country":"KR","coord":{"lon":128.896103,"lat":37.755562}},
{"_id":1835648,"name":"순천","country":"KR","coord":{"lon":127.489471,"lat":34.940078}},
{"_id":1841149,"name":"밀양","country":"KR","coord":{"lon":128.748886,"lat":35.493328}},
{"_id":1835650,"name":"순창","country":"KR","coord":{"lon":127.142776,"lat":35.373611}},
{"_id":1894079,"name":"임실","country":"KR","coord":{"lon":127.89463,"lat":35.749802}},
{"_id":1846149,"name":"칠곡","country":"KR","coord":{"lon":128.551392,"lat":35.920559}},
{"_id":1845033,"name":"충주","country":"KR","coord":{"lon":127.93222,"lat":36.970558}},
{"_id":1844788,"name":"하동","country":"KR","coord":{"lon":127.749168,"lat":35.069439}},
{"_id":1846912,"name":"안성","country":"KR","coord":{"lon":127.270279,"lat":37.01083}},
{"_id":1912209,"name":"남양주","country":"KR","coord":{"lon":127.220284,"lat":37.589722}}]}

[그림 5-15] 생성된 Json 파일 모습

areadCode.json 파일은 Git에서 다운로드하여 사용할 수 있어 독자분이 직접 Json 파일을 만들 필요는 없지만 이렇게 assets 폴더를 만들고 파일을 저장하는 방법은 애플리케이션 제작에 종종 사용되는 방법이므로 알아 두면 좋습니다.

5.4.3 도시 데이터를 위한 data 클래스 작성하기

날씨 정보를 제공할 도시 정보 리스트 파일을 완성했으니 이제 이 데이터를 이용해서 도시 리스트를 보여주는 액티비티를 작성해보겠습니다. 필자는 Gson으로 도시 이름 데이터를 data 클래스로 변형해서 읽어 오려고 합니다.

필자가 완성한 Activity 모습은 다음 이미지와 같이 도시 이름 리스트가 보여지고 사용자가 리스트 중에 하나의 도시를 선택하면 main Activity로 선택된 정보를 전달하여 main Activity에서 데이터를 로드해서 날씨 정보를 추가하는 형태로 이루어집니다.

[그림 5-16] 도시 리스트 Activity

Activity를 작성하기에 앞서 도시 정보를 받을 Gson 라이브러리 사용을 위한 데이터 클래스를 먼저 추가해주었습니다. 성격이 같은 파일들은 패키지를 생성하여 같이 모아 두면 유지보수도 편하고 프로젝트의 구성을 한눈에 살펴 볼 수 있어 유용합니다. 그래서 필자는 데이터 패키지를 하나 만들고 여기에 앱을 만들 때 사용할 데이터 클래스들을 모아 두고 사용할 것입니다.

1. 데이터 패키지 생성하기

폴더 추가는 패키지 이름에서 마우스 오른쪽 버튼을 클릭하면 메뉴가 나타납니다. 이 메뉴에서 [New]-[Package] 메뉴를 선택하면 새로운 패키지 폴더가 생성됩니다.

[그림 5-17] 데이터 패키지 생성하기

2. 데이터 패키지에 이름 지정하기

다음과 같은 다이얼로그가 뜨면 패키지에 원하는 폴더 이름을 추가해서 생성하면 선택했던 패키지 아래에 폴더가 하나 생성됩니다. 패키지 이름에 'data'를 입력하고 ⟨OK⟩ 버튼을 누르면, 오른쪽과 같이 데이터 패키지가 추가된 걸 볼 수 있습니다.

[그림 5-18] 패키지 이름 지정하는 다이얼로그(왼쪽)와 앱 소스트리 구조(오른쪽)

3. 도시 리스트 파일을 폴더에 추가하기

추가된 폴더에 파일을 추가할 때는 해당 폴더에서 마우스 오른쪽 버튼을 클릭하고
[New]-[Kotlin File/Class] 메뉴를 클릭합니다. 메뉴를 통해서 CityData.kt 파일을 생
성해봅니다.

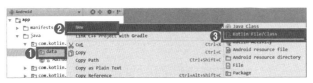

[그림 5-19] CityData.kt 파일을 데이터 패키지에 추가하기

4. 지역 코드 데이터 클래스 작성하기

areaCode Json 파일은 도시 정보를 가진 json array 형식이므로 다음 코드와 같이 데
이터 클래스를 작성할 수 있습니다. 각 json item의 항목이 어떻게 매치되어 CityData
클래스로 작성되는지는 3장 예제에서 자세히 설명하였으니 참고하기 바랍니다.

[예제 5-3] 지역코드 data 클래스 작성하기	| com/kotlin/weathercast/data/CityData.kt

```kotlin
package com.kotlin.weathercast.data

import java.util.*

data class CityArray(val city: ArrayList<CityData>)
data class CityData(val _id:String, val name:String)
```

5.5 도시 리스트를 보여주는 Activity 작성하기

Gson을 이용하여 assets 폴더에 저장한 areaCode.json 파일을 파싱하여 도시 리스트를 보여
주는 Activity 코드를 작성해보겠습니다.

1. 도시 리스트를 보여주는 Activity 추가하기

먼저 아래와 같이 파일을 추가해봅니다. 이렇게 KotlinActivity를 추가하면 자동으로
액티비티에 해당하는 layout xml도 만들어 줍니다.

[그림 5-20] 도시 리스트를 보여주는 Activity 추가하기

[그림 5-21] 새로운 액티비티 파일이름과 자동으로 만들어진 레이아웃 파일 이름

2. 도시 리스트 Activity 구현하기

기본적인 Activity 코드도 구현되므로, 이용하면 편리합니다. 필자가 완성한 코드를 살펴보겠습니다.

[예제 5-4] 도시 리스트 Activity 구현하기 | com/kotlin/weathercast/SelectCityActivity.kt

```kotlin
package com.kotlin.weathercast

import android.content.Context
import android.os.Bundle
import android.support.v7.app.AppCompatActivity
import android.widget.TextView
import com.google.gson.Gson
import com.kotlin.weathercast.R
import com.kotlin.weathercast.db.DBHandlerAnko
import com.kotlin.weathercast.data.CityArray
import com.kotlin.weathercast.data.CityData
import kotlinx.android.synthetic.main.activity_select_city.*
import java.io.FileOutputStream
import java.io.InputStreamReader

class SelectCityActivity : AppCompatActivity() {
    override fun onCreate(savedInstanceState: Bundle?) {
        super.onCreate(savedInstanceState)
        setContentView(R.layout.activity_select_city)

        val inputStream = InputStreamReader(assets.open("areaCode"))      ❶
        val cityData: CityArray = Gson().fromJson(inputStream, CityArray::class.java)

        val adapter = CityListAdapter(this, cityData.city)
        city_list.adapter = adapter                                       ❷
        city_list.setOnItemClickListener { adapterView, view, i, l ->     ❸
            val text: TextView = view.findViewById(R.id.city_name) as TextView   ❷-❶
            saveData(view.tag as String, text.text as String)
            setResult(MainActivity.SELECTED_CITY)
            finish()
        }
    }

    fun saveData(api_id:String, name:String)
    {
        val db = DBHandlerAnko(this)                                      ❹
        db.saveCity(CityData(api_id, name))
    }
}
```

220

❶ assets 폴더에서 데이터 불러 오는 방법

assets 폴더에 저장한 데이터를 불러오는 방법입니다. open 함수에서 파일 이름만 적어주면 해당 파일을 내용을 불러올 수 있습니다. 그리고 Gson 라이브러리에 CityArray 데이터 클래스만 넣어주면 파싱된 내용이 CityArray 클래스 형식으로 반환되는데요, 여기서 자세히 살펴 봐야 되는 부분은 Gson 라이브러리는 자바 형식으로 작성된 라이브러리라는 점입니다. 하지만 CityArray 클래스는 코틀린으로 작성된 파일입니다. 이렇게 되면 라이브러리와 클래스 파일에 차이가 발생합니다. 그래서 코틀린에서는 자바 파일로 작성된 클래스를 사용할 때는 ::class.java 키워드를 사용하여 컴파일할 때 에러가 발생하지 않도록 했습니다.

❷ Kotlin extensions 라이브러리 이용하기

Kotlin extensions 라이브러리를 사용하면 레이아웃에 선언된 뷰를 Id를 이용하여 손쉽게 접근하여 사용할 수 있습니다. ❷-❶과 비교해 보면 findViewbyId를 사용하지 않아 코드 길이가 줄어들고 간편하게 사용할 수 있음을 알 수 있습니다.

❸ onItemClickListener 함수에서 람다 사용하기

setOnItemClickListener 함수는 람다로, 사용자가 리스트 뷰의 Item을 클릭했을 때 동작하는 로직을 click listener를 등록하는 부분에서 바로 구현했습니다. 자바에서 불필요하게 구현했던 onItemClickListener() 부분이 없어지고 클릭할 때 동작해야 되는 코드가 바로 보여, 가독성이 좀더 높아졌습니다.

❹ 선택한 도시 DB에 저장하는 함수

사용자가 선택했던 도시를 저장하여 앱을 종료하고 다시 들어 왔을 때 남아 있을 수 있도록 데이터베이스에 저장하는 로직입니다. Anko Sqlite 라이브러리를 사용하여 작성한 DBHandlerAnko 클래스를 이용하여 저장하는 방법을 보여주는데요, DBHandlerAnko 클래스는 "5.7 DBHandlerAnko 클래스 작성하기"에서 자세하게 설명하겠습니다.

SelectCityActivity의 레이아웃 파일을 살펴보면 다음과 같습니다. 간단하게 ListView 만 추가했습니다.

[예제 5-5] SelectCityActivity의 레이아웃　　　　　　　　| res/layout/activity_select_city.xml

```xml
<?xml version="1.0" encoding="utf-8"?>
<RelativeLayout xmlns:android="http://schemas.android.com/apk/res/android"
    android:id="@+id/activity_select_city"
    android:layout_width="match_parent"
    android:layout_height="match_parent"
    android:padding="16dp">
    <ListView
        android:id="@+id/city_list"
        android:layout_width="match_parent"
        android:layout_height="match_parent"/>
</RelativeLayout>
```

5.6 CityListAdatper 클래스 작성하기

리스트 뷰를 사용하려면 Adapter 클래스가 꼭 필요합니다. 도시 리스트를 보여주는 리스트에
사용할 수 있는 Adapter 클래스는 다양하지만 필자는 그 중에 ArrayAdapter를 사용했습니다.

ArrayAdapter는 Adapter 내부에 ArrayData를 저장하고 있습니다. 그래서 작성한
Adapter 클래스 안에 데이터를 저장하고 있어 리스트에 표시되는 데이터를 쉽게 접근
하여 사용할 수 있어 편리합니다. CityListAdapter는 단순하게 도시 이름을 표현하는
TextView만으로 충분합니다. 필자가 작성한 CityListAdapter 클래스를 한번 살펴볼
까요?

[예제 5-6] CityList Adapter 클래스 작성하기 | com/kotlin/weathercast/CityListAdapter.kt

```kotlin
package com.kotlin.weathercast

import android.content.Context
import android.view.LayoutInflater
import android.view.View
import android.view.ViewGroup
import android.widget.ArrayAdapter
import android.widget.TextView
import com.kotlin.weathercast.R
import com.kotlin.weathercast.data.CityData
import java.util.*

class CityListAdapter(context: Context, cityData: ArrayList<CityData>)        ❶
    : ArrayAdapter<CityData>(context, R.layout.layout_city_list, cityData) {


    override fun getView(position: Int, convertView: View?, parent: ViewGroup?):
View {
        val inflater: LayoutInflater = context.getSystemService(Context.LAYOUT_
INFLATER_SERVICE) as LayoutInflater
        var mainView = convertView                                            ❷
        mainView = mainView?:inflater.inflate(R.layout.layout_city_list, parent, false)
```

```
        val name : TextView = mainView!!.findViewById(R.id.city_name) as TextView
        val data:CityData = getItem(position) ································································· ③
        name.text = data.name
        mainView.tag = data._id

        return mainView!!
    }
}
```

❶ ArrayListAdapter 기본 생성자 설정하는 방법

ArrayListAdapter는 리스트에 표현될 ArrayList 데이터를 함께 넘겨주어야 합니다. 이렇게 넘겨준 데이터는 ArrayListAdapter 안에 저장되며 getItem 함수를 통해서 간단하게 데이터에 접근할 수 있습니다.

❷ 함수 인자 참조하기

코틀린에서 함수 인자는 변경이 불가능하다고 했습니다. 그래서 인자값을 변경해야 되는 경우는 따로 복사해서 사용해야 하는데요, 그래서 convertView 값을 mainView에 복사하고 그 값이 null인 경우 레이아웃을 inflate해주도록 했습니다.

❸ ArrayListAdapter의 getItem 함수

앞에서 언급했던 getItem 함수입니다. 생성자에서 이미 데이터를 넘겨 주었으므로 원하는 데이터의 position을 넣으면 해당 데이터를 넘겨줍니다. ArrayListAdapter를 상속하는 클래스에서 데이터를 저장하고 있지 않아도 됩니다.

CityListAdapter에서 사용하는 레이아웃은 다음과 같습니다. 간단하게 도시 이름을 표현할 TextView 하나만 갖고 있습니다.

[예제 5-7] CityListAdapter에서 사용하는 레이아웃 | res/layout/layout_city_list.xml

```xml
<?xml version="1.0" encoding="utf-8"?>
<LinearLayout xmlns:android="http://schemas.android.com/apk/res/android"
    android:orientation="vertical"
    android:layout_width="match_parent"
    android:layout_height="48dp"
    android:gravity="center_vertical">
    <TextView
        android:id="@+id/city_name"
        android:layout_width="match_parent"
        android:layout_height="wrap_content"
        android:textSize="15dp"/>
</LinearLayout>
```

5.7 DBHandlerAnko 클래스 작성하기

4장에서 DB 클래스를 작성하는 두 가지 방법을 공부했습니다. 두 방법 중 필자는 Anko sqlite 를 라이브러리를 이용하는 방법으로 DBHandler 클래스를 작성해보겠습니다.

DBHandlerAnko 클래스는 사용자가 도시를 선택하면 선택한 도시를 저장하는 클래스입니다. DBHandlerAnko 클래스에는 우선 테이블이 없는 경우 테이블을 만드는 함수가 필요합니다. 그리고 사용자가 지정한 도시를 저장하는 부분이 들어가야 합니다. 그리고 사용자가 삭제를 원하는 경우도 있으니 DB에서 도시를 삭제하는 함수도 추가되어야 하겠죠? 성격이 다른 DB와 관련된 소스 파일들은 DB 패키지를 만들어 관리하면 좋습니다.

필자가 완성한 코드를 살펴보겠습니다.

Tip

DB 클래스를 만드는 두 가지 방법에 대한 자세한 내용은 4장을 참고하세요.

[예제 5-8] DB 클래스 만들기 | com/kotlin/weathercast/db/DBHandlerAnko.kt

```
package com.kotlin.weathercast.db

import android.content.ContentValues
import android.content.Context
import android.database.Cursor
import android.database.sqlite.SQLiteDatabase
import android.database.sqlite.SQLiteOpenHelper
import com.kotlin.weathercast.data.CityData
import org.jetbrains.anko.db.*
import java.util.*
```

```
class DBHandlerAnko(context: Context) : SQLiteOpenHelper(context, DB_Name, null, DB_
Version) {                                                                        ❶
    companion object CityTable{                                                   ❷
        val DB_Name = "user.db"
        val DB_Version = 1;

        val TABLE_NAME = "city"
        val ID = "_id"
        val NAME = "name"
        val API_ID = "api_id"
    }

    fun getCityDataAll(): ArrayList<CityData> {
        val data = ArrayList<CityData>()
        val cursor = readableDatabase.query(CityTable.TABLE_NAME,                 ❸
                arrayOf(CityTable.ID, CityTable.NAME, CityTable.API_ID),
                null, null, null, null, null)
        if(cursor.count == 0)
            return data

        cursor.moveToFirst()
        do
        {
            val city: CityData = CityData(cursor.getString(2), cursor.getString(1))
            data.add(city)
        }while(cursor.moveToNext())
        return data
    }

    fun saveCity(city: CityData)
    {
        writableDatabase.use {                                                    ❹
        writableDatabase.insert(CityTable.TABLE_NAME, null, ContentValues().apply {
                put(CityTable.NAME, city.name)
                put(CityTable.API_ID, city._id)
            })
        }
    }

    fun deleteCity(id:String)
    {
        writableDatabase.use {
            writableDatabase.execSQL(
            "DELETE FROM ${CityTable.TABLE_NAME} WHERE ${CityTable.API_ID} = ${id};")
        }
    }
```

```
override fun onCreate(db: SQLiteDatabase) {
    db.createTable(CityTable.TABLE_NAME, true,  ·········································· ❺
        Pair(CityTable.ID, INTEGER + PRIMARY_KEY),
        Pair(CityTable.NAME, TEXT),
        Pair(CityTable.API_ID, TEXT))

}

override fun onUpgrade(p0: SQLiteDatabase?, p1: Int, p2: Int) {
    }
}
```

❶ SqliteOpenHelper를 상속 받은 DB 클래스 선언하기

안드로이드에서 제공하는 DB를 사용하려면 SqliteOpenHelper 클래스를 상속 받아 DB 처리를 해주는 클래스를 만들어야 합니다. 상속 받아서 사용할 때는 SqliteOpenHelper 클래스의 기본 상속자가 DB의 이름과 버전을 명시하도록 되어 있으므로 기본 클래스의 선언부에 같이 선언해 주어야 합니다.

❷ companion object 사용하기

자바에서 static에 해당하는 키워드입니다. companion object 키워드로 자바의 static 키워드를 대신 할 수 있는데요. DB 이름과 버전을 companion으로 선언하여 ❶에서 SqliteOpenHelper의 기본 상속자에 값을 줄 때 사용했습니다. CityTable이라는 이름을 가지고 있지만 생략해도 무방합니다.

❸ DB에 저장된 데이터 불러오는 함수

DB에 저장된 데이터를 모두 불러 오는 함수입니다. 코틀린에서는 get 함수 없이 바로 변수에 접근이 가능한데요, 그래서 readableDatabase 바로 접근하여 사용할 수 있습니다. 그리고 쿼리를 할 때 필요한 요소는 리스트를 만들지 않고 코틀린의 변경이 불가능 리스트를 만들어주는 arrayOf 함수를 이용했습니다.

❹ Use 함수와 apply 함수를 사용하여 데이터 저장하기

writableDatabase.use{}를 사용한 모습을 볼 수 있는데요, Anko에서 제공하는 기능으로 use{ } 안에 괄호 안에 들어있는 코드는 블록을 걸어서 멀티쓰레드(multi-thread) 환경에서 안전하며 DB 작업을 끝내고 나면 DB를 알아서 닫아 줍니다. 개발자가 실수할 수 있는 부분을 언어에서 알아서 처리하여 좀더 안전한 애플리케이션을 만들 수 있도록 해줍니다.

apply()는 코틀린에서 제공하는 유용한 함수로 2장 마지막 부분에서 알아봤는데요, apply()는 inline 함수로 apply 앞에 선언된 객체를 받아서 { } 안에 내용을 처리한 다음 다시 받았던 객체를 넘겨주는 함수입니다. 이런 apply 함수는 예제에서 보듯이 한번 사용하고 버려지는 객체에서 사용할 때 유용합니다. ContentValue를 만들고 ContentValue에 설정할 값들을 apply 블록 안에서 생성하여 넘겨주므로, 따로 객체를 만들어 대입해주는 코드가 없어 한 줄에 모든 내용이 표현이 가능합니다.

❺ Anko 라이브러리를 사용하여 DB 테이블 생성하기

자바에서 String을 이용하여 직접 create table sqlite 구문을 사용하여 작성해야 합니다. 하지만 Anko 라이브러리에서는 createTable 함수와 Pair 클래스를 이용하여 간단하게 만들 수 있습니다.

싱글톤이 무엇인가요?

싱글톤(Singleton)이란, 소프트웨어 디자인 패턴 중에 하나로, 기본적으로 클래스를 만들 때 클래스 객체가 계속 생성되지만 싱글톤 클래스는 객체를 하나만 생성하고 그 객체를 계속 사용하는 클래스를 말합니다.

이런 객체는 매니저 역할을 하는 클래스와 같은 객체를 하나만 가지고 여러 클래스에서 사용할 때 유용합니다. 자바에서 싱글톤 객체를 만드는 방법은 여러 가지가 있는데요, 그 중에 제일 많이 사용하는 방법이 클래스 내부에 클래스 인자를 가지는 객체를 private static으로 만들고 이 객체를 참조하는 방법입니다. 자세한 방법은 아래 코드를 참고하세요!

```
public class TestSingleton {
    static private TestSingleton instance;
    private TestSingleton(){}

    public static synchronized TestSingleton getInstance(){
        if(instance == null)
        {
            instance = new TestSingleton();
        }
        return instance;
    }

    public void doSomthing()
    {

    }
}

TestSingleton singleton = TestSingleton.getInstance();
singleton.doSomthing();
```

TestSingleton 클래스를 사용할 때는 TestSingleton.getInstance()를 통해서 클래스에 접근할 수 있습니다. 하지만 이 방법은 멀티쓰레드 환경에서는 성능 저하를 가져 올 수 있어 enum을 이용하여 싱클톤 클래스를 만드는 패턴이 나오게 되었습니다. enum 클래스는 자바 프로그램에서 하나의 객체 생성을 보장하고 멀티쓰레드 환경에서도 안전합니다. 다음 코드를 살펴볼까요?

```
public enum  TestSingleton {
    INSTANCE;
    public static TestSingleton getInstance(){
        return INSTANCE;
    }

    public void doSomthing()
    {

    }
}

TestSingleton singleton = TestSingleton.getInstance();
singleton.doSomthing();
```

static private Instance를 사용 방식보다 싱글톤 클래스를 좀더 간편하게 만들어 사용할 수 있습니다.

코틀린에서는 싱글톤 패턴을 언어에서 지원하고 있는데요.그래서 싱글톤을 만들고 싶은 클래스에 class 키워드 대신 object라는 키워드만 사용하면 손쉽게 만들 수 있습니다. 아래 코드를 살펴보죠.

```
object TestSingleton{
    fun doSomething(){

    }
}

TestSingleton.doSomething();      // 사용 예
```

companion object와 object를 사용할 때 모두 static을 사용하는 방법과 같다고 하는데 무엇이 다르고 언제 어떤 키워드를 사용해야 되는지 궁금한 독자가 있을 텐데요. companion object와 object는 행동은 같지만 객체가 생성되는 시점이 다르다는 점에서 차이가 있습니다. object는 객체에 접근할 때, companion object 키워드는 클래스가 로드되는 시점에 객체가 생성되지요. 자바와 비교해본다면 companion object가 자바의 static 키워드와 좀더 비슷하다고 할 수 있습니다.

DBHandler의 경우 여러 곳에서 생성되면 문제가 발생하므로 싱글톤 패턴을 이용하여 클래스를 작성합니다. 이 책에서는 DBHandlerAnko를 싱글톤 버전으로 변경하는 방법에 대해서 다루지 않겠지만 궁금한 독자는 GitHub의 DBHandlerAnkoSingle 클래스를 참조하기 바랍니다.

5.8 날씨 정보를 표현하는
data 클래스 작성하기

API를 이용하여 날씨 정보를 받아 오는 부분을 살펴봅니다. 앞에서 언급했듯 날씨 정보는 Gson 라이브러리 이용하여 정보를 파싱하여 보여줄 것입니다.

Gson에 대한 자세한 내용은 3장에서 이미 설명한 바 있습니다. 그래서 여기에서는 Gson에 대한 자세한 내용은 생략하고 Gson에 사용할 데이터 클래스를 작성하는 방법에 대해서 설명하겠습니다. OpenWeatherMap에서 받은 데이터 타입은 Json 형태로 받도록 설정해서, 데이터는 Json 형태로 제공됩니다. Json 데이터 형태는 아래와 같습니다.

```
{"coord":{"lon":139,"lat":35},
 "sys":{"country":"JP","sunrise":1369769524,"sunset":1369821049},
 "weather":[{"id":804,"main":"clouds","description":"overcast clouds","icon":"04n"}],
 "main":{"temp":289.5,"humidity":89,"pressure":1013,"temp_min":287.04,"temp_
max":292.04},
 "wind":{"speed":7.31,"deg":187.002},
 "rain":{"3h":0},
 "clouds":{"all":92},
 "dt":1369824698,
 "id":1851632,
 "name":"Shuzenji",
 "cod":200}
```

받은 Json 데이터를 Gson 라이브러리를 이용하여 파싱하기 위해서는 Json 형태에 따라서 데이터 클래스를 만들어 주어야 합니다. 3장에서 언급한 것과 같이 Gson 라이브러리를 이용할 경우 가장 중요시되는 부분이 Json에서 제공하는 object name과 데이터 클래스의 변수 이름을 똑같이 선언해 주는 것입니다.

OpenWeatherMap에서 내려 주는 데이터를 살펴보면 rain object name이 3h라고 되어 있습니다. name을 가지고 데이터 클래스를 만들어 주어야 되지만 자바에서는 변수명의 시작을 숫자로 할 수 없듯이 코틀린에서도 변수명은 숫자로 시작할 수 없습니다. 이럴 경우 3h를 다른 이름으로 바꿔주어야 합니다. 자바에서는 아래 코드와 같이 어노테이션(annotation) @serializedname("")를 이용하여 3h대신 다른 변수명으로 변경할 수 있다.

자바 @SerializedName를 활용하여 3h를 다른 변수명으로 바꾸기

```java
public class RainData{
    @SerializedName("3h")
    public int rain;
}
```

코틀린에서도 어노테이션을 사용하는 방법은 자바에서처럼 @ 기호를 통해서 선언하고 사용할 수 있습니다. 자바에서 사용하던 어노테이션을 코틀린에서도 완벽하게 호환이 가능합니다. 하지만 데이터 클래스에서는 자바처럼 변수명을 클래스 내부에 선언하지 않으니 어디에 선언해줘야 될지 의문이 드는데요, 코틀린에서는 변수 선언이 클래스 파라미터처럼 들어가니 파라미터 선언 앞 부분에 아래와 같이 @SerializedName("")을 사용하면 됩니다.

코틀린 @SerializedName를 활용하여 3h를 다른 변수명으로 바꾸기

```kotlin
data class RainData(@SerializedName("3h")val rain:Int)
```

Serialized를 이용하여 rain 데이터를 표현한 것 말고 3장에서 Gson data 클래스를 생성하던 방식과 같습니다. 필자가 완성한 WeatherData.kt 클래스를 살펴볼까요?

[예제 5-9] 날씨 정보 data 클래스 작성하기 | com/kotlin/weathercast/data/WeatherData.kt

```kotlin
package com.kotlin.weathercast.data

import com.google.gson.annotations.SerializedName
import java.util.*
```

```kotlin
data class DayData(val weather: ArrayList<WeatherData>, val main: MainData, val
wind: WindData,
                val clouds: CloudData, val rain:RainData, var cityName:String,
var api_id:String)
{
    operator fun get(position:Int):WeatherData = weather[position]
}
data class WeekData(val list: ArrayList<WeekList>)

data class WeekList(val dt:String, val weather: ArrayList<WeatherData>, val main:
MainData,
                val clouds: CloudData, val dt_txt:String)

data class WeatherData(val main:String, val description:String, val icon:String)
data class MainData(val temp:String, val temp_min:String, val temp_max:String, val
humidity:String)
data class CloudData(val all:String)
data class RainData(@SerializedName("3h")val rain:Int) ·····························  ❶

data class WindData(val speed:String)
data class WeatherForecast(val current: DayData, val week: WeekData, val
iconUrl:String)
```

❶ SerializedName 활용하기

SerializedName을 사용하여 "3h"를 "rain"으로 변수명을 변경하여 사용하였습니다. 받는 Json 데이터
key 이름 중에 변경하고 싶은 이름이 있다면 이렇게 변경할 수 있습니다.

어노테이션이 뭐예요?

어노테이션(Annotation)은 자바 5에서 추가된 기능으로 '@' 기호를 통해서 함수나 클래스에 속성을
부여하는 기능을 말합니다. 흔히 볼 수 있는 어노테이션의 예가 클래스를 상속 받은 다른 클래스에
서 부모 클래스의 함수를 오버라이드해야 될 때 @Override를 사용하는 경우인데요, 이렇게 플랫폼
이 지원하는 어노테이션만 있는 것이 아니라 개발자가 어노테이션을 커스텀화하여 만들어 사용할
수 있습니다.

요즘 나온 라이브러리 중에 ButterKnife라는 라이브러리는 어노테이션을 통해서 개발자가 xml에서
선언한 id와 코드에서 뷰를 이어주는 역할을 하거나 onClick 함수를 @onClick(xml id) 어노테이션을
통해서 이어주기도 합니다. 이렇게 어노테이션은 개발자가 직접 선언하여 다양한 방법으로 사용이
가능합니다. 이런 다양한 기능을 제공하는 어노테이션을 코틀린에서도 사용할 수 있습니다.

5.9 백그라운드 작업을 위한 클래스 작성하기

네트워크로 데이터를 받아 사용할 때는 네트워크의 상태에 따라 정보를 받아오는데 시간이 오래 걸릴 수도 있고 네트워크가 중간에 끊어진다면 데이터를 아예 받아오지 못하는 경우도 생길 수 있습니다. 그래서 네트워크로 데이터를 받아오는 작업은 UI 쓰레드에서 처리할 수 없도록 안드로이드는 Exception으로 에러를 내는데요. 그래서 인터넷을 이용하는 로직을 처리하는 Async task나 쓰레드로 처리해야 합니다.

5.9.1 AsyncTaskLoader로 백그라운드 작업하기

일기예보 앱에서도 네트워크로 OpenWeatherMap API를 통해 날씨 정보를 가져오므로 백그라운드에서 데이터를 받고, 받은 데이터를 UI 쓰레드로 넘겨 주도록 로직을 구성해야 합니다. 이렇게 데이터를 가져오고 UI에 그 결과값이 반영될 수 있도록 해주는 가장 적합한 클래스가 AsyncTask 클래스들인데요, thread 클래스를 사용할 수 있지만 thread 클래스를 이용하게 되면 UI를 업데이트하기 위해서 결과 값을 UI 쓰레드로 넘겨주는 작업을 개발자가 해주어야 합니다. 하지만 AsyncTask 클래스에서는 그 작업을 내부에서 해주므로 따로 UI 쓰레드로 결과값을 넘겨주는 방법을 고민하지 않아도 되어 사용하기 편리합니다.

여기서는 AsyncTaskLoader를 클래스를 이용하려 합니다. AsyncTaskLoader는 이름에서도 알 수 있듯이 AsyncTask의 자식 클래스입니다. AsyncTask에서 단점들을 보완한 클래스죠. AsyncTask의 단점은 Activity나 Fragment의 동작에 종속되지 않아 Activity가 pause 상태가 되거나 종료되더라도 계속해서 동작합니다. 그리고 Activity가 가로/세로 구성이 바뀌었을 때도 AsyncTask 작업이 멈추지 않고 계속해서 진행되므로 잘못된 결과를 화면에 출력할 수 있는 경우도 발생합니다. 하지만 AsyncTask Loader에서는 이런 점이 개선되어 뷰와 유기적으로 동작을 합니다.

그럼 AsyncTaskLoader 클래스를 사용하여 날씨 정보를 가져오는 방법을 살펴보겠습니다.

AsyncTaskLoader에 대해서 알려주세요.

AsyncTaskLoader는 안드로이드 3.0에서 추가된 클래스입니다. AsyncTask의 하위 클래스로 AsynTask와 비슷하지만 LoaderManager를 통해서 AsyncTask의 상태가 관리된다는 점에서 다릅니다. AsyncTaskLoader는 Activity나 Fragment의 생명주기에 따라서 동작하는데요, 그래서 Activity나 Fragment에서 onPause나 onStop이 불려지는 경우에는 task의 동작이 멈추게 됩니다. 또한 종료되면 AsyncTaskLoader도 종료됩니다. 로더의 동작 원리를 그림으로 살펴볼까요?

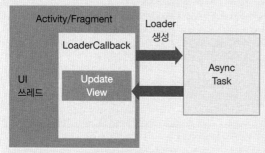

[그림 5-22] 로더의 동작원리

CreateLoader를 하게 되면 AsyncTask를 만들어서 수행하게 되고 AsyncTask의 행동이 다 끝나고 나면 UI 쓰레드로 내용을 전달하여 뷰를 업데이트할 수 있도록 합니다. 그리고 ResetLoader 함수를 이용하여 데이터의 내용이 바뀌었을 경우에 로더를 다시 수행할 수 있도록 할 수 있습니다.

날씨 정보를 가져오는 부분은 AsyncTaskLoader를 상속 받아 OpenWeatherMap API를 이용하여 데이터를 받아오는 부분과 데이터 로딩이 끝나고 난 다음 데이터를 이용하여 UI를 그려주는 두 가지 로직을 나눠 살펴보아야 합니다.

여기서는 일기예보 앱의 MainActivity에서 AsyncTaskLoader에서 전달 받은 데이터를 이용하여 UI를 구성하고 ForecastDataLoader에서는 API로부터 데이터를 받도록 구성했는데요, 우선 AsyncTaskLoader를 상속 받아 처리하는 ForecastDataLoader를 어떻게 구현했는지 보겠습니다.

```kotlin
package com.kotlin.weathercast

import android.content.Context
import android.support.v4.content.AsyncTaskLoader
import com.google.gson.Gson
import com.kotlin.weathercast.data.CityData
import com.kotlin.weathercast.data.DayData
import com.kotlin.weathercast.data.WeatherForecast
import com.kotlin.weathercast.data.WeekData
import java.io.InputStreamReader
import java.net.URL
import java.util.*

class ForecastDataLoader(context: Context, val cities: ArrayList<CityData>)
    : AsyncTaskLoader<ArrayList<WeatherForecast>>(context) {  ──────────── ❶
    val API_KEY : String = "2677d0da8acab2b1d91d54942d6914c8"  ─────────── ❷
    val Current_URL : String = "http://api.openweathermap.org/data/2.5/weather?id="
    val Forcast_URL : String = "http://api.openweathermap.org/data/2.5/forcast?id="
    val ICON_URL : String = "http://openweathermap.org/img/w/"

    override fun loadInBackground(): ArrayList<WeatherForecast> {  ──────── ❸
        val city_weather = ArrayList<WeatherForecast>()
        cities.forEach {  ──────────────────────────────────────────────── ❹
            val cur_url = Current_URL+it._id+"&units=metric&APPID=$API_KEY" ─── ❺
            val readData = URL(cur_url).readText()  ──────────────────────── ❻
            val current: DayData = Gson().fromJson(readData, DayData::class.java)
            current.cityName = it.name
            current.api_id = it._id

            val fore_url = Forcast_URL+it._id+"&units=metric&APPID=$API_KEY"
            val url = URL(fore_url)
            val inputstream = InputStreamReader(url.openStream())

            val week: WeekData = Gson().fromJson(inputstream, WeekData::class.java)
            val forcast: WeatherForecast = WeatherForecast(current, week, ICON_URL)
            city_weather.add(forcast)
        }
        return city_weather
    }
}
```

❶ 백그라운드 작업을 위해 AsyncTaskLoader 상속 받기

AsyncTaskLoader를 상속 받았습니다. AsynTaskLoader 클래스에서는 로더가 끝난 다음에 UI 쓰레드로 넘겨줄 자료형을 선언해주어야 합니다. 날씨 앱에서는 WeatherForeCast 데이터 클래스의 ArrayList형을 넘겨줍니다.

❷ 클래스에서 사용할 static 값 선언 하기

API_KEY는 OpenWeatherMap Api를 사용할 때 필요한 API 키 값이고 Current_URL는 현재 날씨를 알려주는 API의 주소입니다. 그리고 Forcast_URL는 일기예보에 대한 API 주소인데요. 아래 데이터는 앞에서 살펴보았던 날씨 정보 json 중 발췌한 내용입니다. 데이터를 살펴보면 아이콘에 대한 주소가 없는걸 볼 수 있습니다.

```
"weather":[{"id":804,"main":"clouds","description":"overcast
clouds","icon":"04n"}],
```

대신 아이콘이 '04n'으로 숫자와 알파벳 조합으로 된 것을 볼 수 있습니다. 이는 OpenWeatherMap에서 정해 둔 아이콘 코드인데요. ICON_URL 뒤에 이 코드를 붙여서 사용하면 이것이 아이콘 URL이 됩니다.

❸ loadBackground 함수 구현하기

loadInBackground 함수는 AsyncTaskLoader를 상속 받아 구현하게 되면 꼭 필요한 함수입니다. 이함수에서 구현되는 로직이 백그라운드에서 실행될 내용인데요. 로직이 끝나면 onLoadFinish() 콜백에서 결과값을 받게 됩니다.

❹ 코틀린 forEach 함수 사용하기

ForEach()는 코틀린에서 제공하는 inline 함수입니다. ArrayList 등의 콜렉션 객체들에 사용할 수 있으며, 객체를 하나씩 가져오는 함수입니다. 하나의 아이템에 접근할 때는 it을 사용하여 가져올 수 있습니다.

❺ OpenWeatherMap API 사용 방법

OpenWeatherMap을 사용하는 방법인데요. 얻고자 하는 정보의 URL 뒤에 선택한 도시의 ID를 넣은 다음 일기예보에 대한 내용 중에 얻고자 하는 정보 타입을 '&'로 구분하여 쓴 나음 App Key를 붙여 써수면 됩니다. &Unit=metric 옵션은 온도의 단위를 ℃로 받고 싶다고 설정하는 부분입니다.

❻ URL.readText 함수 사용하기

코틀린에서 URL를 이용하여 데이터를 받을 때 사용하는 함수입니다. URL 클래스 내부에서 readText()만 불러주면 그 결과값을 String으로 넘겨줍니다. 자바와 비교해 보면 코드 차이가 확연한데요. 다음 자바 코드를 살펴보죠. 코틀린에서는 한 줄로 표현이 가능한 부분이 자바로 쓰게 되면 다음 코드처럼 여러 줄의 코딩이 필요합니다.

```
try {
    StringBuffer buffer = new StringBuffer();
    HttpURLConnection connection = (HttpURLConnection) new URL(Current_URL).
openConnection();
    BufferedReader stream = new BufferedReader(new InputStreamReader(connection.
getInputStream()));
    buffer.append(stream.readLine());

} catch (IOException e) {

}
```

5.9.2 thread 함수

예제 애플리케이션에서는 사용하지 않겠지만, 백그라운드 작업을 위해 thread 함수 클래스를 사용하는 방법도 있습니다. 쓰레드는 어떻게 동작하는지 한번 살펴보고 넘어갑시다. 자바에서는 쓰레드가 클래스로 구현되어 있지만 코틀린에서는 thread 클래스가 함수로 구현되어 있어 자바에서 사용하던 방법보다 쉽게 구현할 수 있습니다.

```
thread{
    //do something
}
```

{} 안에 백그라운드 작업이 수행되어야 되는 로직을 넣기만 하면 thread 클래스가 생성되어 처리됩니다. runnable 클래스를 생성해서 넣어줄 필요도 없으며, start()를 불러주지 않아도 됩니다. thread()가 어떻게 구현되어 있는지 한번 살펴보면 이런 편리함이 어디서 오는지 알 수 있는데요, 아래 코드를 봅시다.

```
public fun thread(start: Boolean = true, isDaemon: Boolean = false,
contextClassLoader: ClassLoader? = null, name: String? = null, priority: Int = -1,
block: () -> Unit): Thread {
    val thread = object : Thread() {
        public override fun run() {
            block()
        }
    }
```

```
    if (isDaemon)
        thread.isDaemon = true
    if (priority > 0)
        thread.priority = priority
    if (name != null)
        thread.name = name
    if (contextClassLoader != null)
        thread.contextClassLoader = contextClassLoader
    if (start)
        thread.start()
    return thread
}
```

thread()가 구현된 코드를 살펴보면 인자를 여러 개 받음을 알 수 있습니다. 하지만
앞에서 {} 안에 필요한 로직만 넣어주면 된다고 했는데요, 2장에서 언급했듯이 코틀린
에서는 인자에 기본값을 정해주면 함수를 사용하는 곳에서 인자를 넘겨주지 않아도 에
러가 발생하지 않기 때문입니다. 그래서 인자를 넣지 않으면 기본값으로 동작하여 에
러가 발생하지 않은 것입니다. 첫 번째 인자가 start()의 기본값이 true이기 때문에
따로 start해주지 않아도 자동으로 쓰레드가 실행됩니다.

thread()로 백그라운드 작업을 마치고 난 다음에 UI를 업데이트해야 되는 경우가 발생
하기도 합니다. 안드로이드에서는 UI를 업데이트할 때는 반드시 UI 쓰레드에서 업데이
트가 이루어지지 않으면 에러가 발생합니다. 그래서 thread에서 UI를 업데이트하려면
runOnUiThread()를 사용합니다. 코틀린에서는 이 함수도 아주 간단하게 선언하고 {} 안
에 수행되어야 되는 로직만 넣으면 되는데요, thread()와 runOnUiThread()를 같이 사용
하게 되면 아래 코드와 같습니다.

```
thread{
    //do background works
    runOnUiThread {
        //update UI here
    }
}
```

5.10 MainAcitivity 작성하기

4장에서 메뉴를 추가하는 방법을 알아보았습니다. 5장 날씨 앱에서도 툴바의 아이콘을 이용하여 날씨 정보를 추가할 도시를 선택할 수 있도록 구성할 것입니다.

5.10.1 메뉴 파일 추가하기

날씨 정보를 추가할 도시를 아이콘으로 선택할 수 있도록 툴바를 이용하겠습니다. 이를 위해서 툴바에서 사용할 메뉴를 추가하는 작업이 선행되어야 하는데요, 아래 그림과 같이 res 폴더에서 마우스 오른쪽 버튼을 눌러 [New]-[Android resource file]을 이용하여 메뉴 파일을 추가합니다.

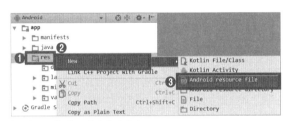

[그림 5-23] 메뉴 파일 추가하기

메뉴 파일 이름을 정하고 〈OK〉 버튼을 눌러 메뉴 파일을 만들어 줍니다. 필자는 main_menu라고 파일 이름을 정했습니다.

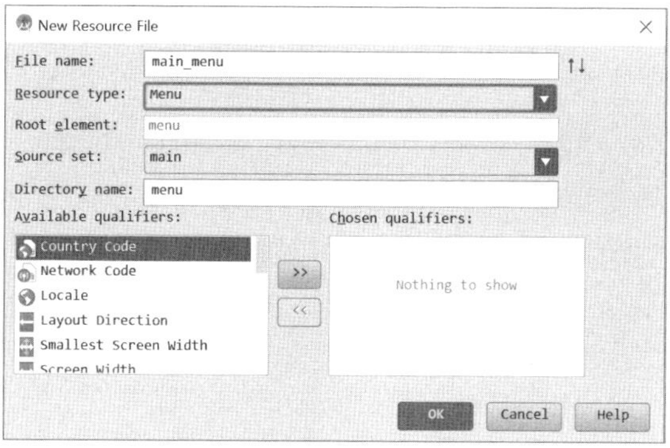

[그림 5-24] 메뉴 파일 이름 설정하기

MainActivity에서 사용할 [+] 아이콘을 추가해 주어야 합니다. [+] 아이콘 메뉴는 항상 툴바에 보여야 하므로 showAsAction 옵션 메뉴는 always로 설정해야 합니다. 아래는 코드는 필자 완성한 main_menu.xml 파일입니다.

[예제 5-11] 메뉴 레이아웃 만들기 | res/menu/main_menu.xml

```xml
<?xml version="1.0" encoding="utf-8"?>
<menu xmlns:android="http://schemas.android.com/apk/res/android"
    xmlns:app="http://schemas.android.com/apk/res-auto">
    <item android:title="add"
        android:id="@+id/add_city"
        android:icon="@android:drawable/ic_input_add"
        app:showAsAction="always" />
</menu>
```

메뉴에 대해서 4장에서 설명했는데요, 자세한 내용이 생각나지 않는 독자는 4장을 참고하세요.

5.10.2 MainActivity에서 AsyncTaskLoader 호출하기

AsyncTaskLoader는 UI 쓰레드가 수행할 수 없는 작업을 백그라운드에서 실행할 수 있도록 도와주는 클래스입니다. 이 클래스를 실행시키는 클래스는 Activity나 Fragment가 되는데요, 이제는 앞에서 살펴보았던 ForecastLoader를 시작시키고 로더가 끝나면 데이터를 전달 받을 수 있도록 콜백을 등록하는 과정을 살펴보겠습니다.

AsyncTaskLoader를 사용하려면 생성한 AsyncTaskLoader를 LoaderManager에 등록하고 결과값을 받을 콜백 함수를 연결시키는 작업이 필요합니다. 이 작업은 LoaderManager 클래스의 `InitLoader()`를 통해서 가능합니다. LoaderManager가 AsyncTaskLoader를 생성하면 콜백 함수의 `onCreateLoader()`를 호출합니다. 이 함수에서 ForecastDataLoader 클래스가 작업을 시작하도록 `forceLoad()`를 호출합니다. 그리고 작업이 끝나면 `onLoadFinished()` 콜백 함수로 결과값을 전달하게 돼죠. 필자는 어떻게 코드를 작성하였는지 살펴보겠습니다.

[예제 5-12] MainActivity 완성하기 | com/kotlin/weathercast/MainActivity.kt

```kotlin
package com.kotlin.weathercast

import android.content.Intent
import android.os.Bundle
import android.support.v4.app.LoaderManager
import android.support.v4.content.Loader
import android.support.v7.app.AppCompatActivity
import android.support.v7.widget.LinearLayoutManager
import android.view.Menu
import android.view.MenuItem
import android.view.View
import com.kotlin.weathercast.R
import com.kotlin.weathercast.db.DBHandlerAnko
import com.kotlin.weathercast.data.CityData
import com.kotlin.weathercast.data.WeatherForecast
import kotlinx.android.synthetic.main.activity_main.*
import java.util.*

class MainActivity : AppCompatActivity(),
LoaderManager.LoaderCallbacks<ArrayList<WeatherForecast>> {  ········ ❶
    val LOADER_ID = 101010
    var adapter: WeatherListViewAdapter? = null
    var mWeatherData: ArrayList<WeatherForecast>? = null
    val mCityArray  = ArrayList<CityData>()
    val mDb = DBHandlerAnko(this)

    companion object{
        val SELECTED_CITY = 1100
        val REQUEST_CITY = 1101
    }

    override fun onCreate(savedInstanceState: Bundle?) {
        super.onCreate(savedInstanceState)
        setContentView(R.layout.activity_main)
        mCityArray.addAll(mDb.getCityDataAll())
```

```kotlin
        supportLoaderManager.initLoader(LOADER_ID, null, this)                    ❷
    }

    override fun onCreateOptionsMenu(menu: Menu?): Boolean {
        menuInflater.inflate(R.menu.main_menu, menu)
        return true
    }

    override fun onOptionsItemSelected(item: MenuItem): Boolean {
        when(item.itemId)
        {
            R.id.add_city->{
                val intent = Intent(this, SelectCityActivity::class.java)       ❸
                startActivityForResult(intent, REQUEST_CITY)
            }
        }
        return super.onOptionsItemSelected(item)
    }

  override fun onLoadFinished(loader: Loader<ArrayList<WeatherForecast>>?,
data: ArrayList<WeatherForecast>) {                                              ❹
            adapter?:let{                                                        ❺
    adapter = WeatherListViewAdapter(applicationContext, data)
    adapter?.setDeleteClickListener(){
        view -> val db = DBHandlerAnko(applicationContext)
        db.deleteCity(view.tag as String)
        adapter?.removeData(view.tag as String)
    }
    weatherList.adapter = adapter
    weatherList.layoutManager = LinearLayoutManager(applicationContext)
}

mWeatherData?.addAll(data)
adapter?.updateData(data)

progressbar.visibility = View.GONE
 }
    override fun onLoaderReset(loader: Loader<ArrayList<WeatherForecast>>?) {     ❻
    }

    override fun onCreateLoader(id: Int, args: Bundle?):
Loader<ArrayList<WeatherForecast>> {                                             ❼
        val loader: ForecastDataLoader = ForecastDataLoader(this, mCityArray)
        loader.forceLoad()
        progressbar.visibility = View.VISIBLE
        return loader
    }

    override fun onActivityResult(requestCode: Int, resultCode: Int, data: Intent?) {
        super.onActivityResult(requestCode, resultCode, data)
```

```
    when(resultCode)
    {
        SELECTED_CITY ->{
            mCityArray.clear()
            mCityArray.addAll(mDb.getCityDataAll())
            supportLoaderManager.restartLoader(LOADER_ID, null, this) ............ ❽
        }
    }
}
}
```

❶ AsyncTaskLoader 콜백 함수 선언

AsyncTaskLoader의 결과값을 받기 위해서 사용하는 콜백 클래스를 클래스 선언부에 선언했습니다. 콜백 클래스를 inline으로 로더를 만들 때 할당해주어도 무방합니다. inline으로 선언하여 사용할 때는 한번 사용하고 없어지는 함수에 대해서 사용하면 좋습니다.

❷ LoaderManager에 ID 부여하기

안드로이드에서 제공하는 Loadermanager에 ID를 이용해서 로더를 등록해야 합니다. 그리고 로더에서 받은 콜백은 MainActivity로 받겠다고 선언해줍니다. ID는 앱 안에서 중복되지 않게 선언하면 됩니다.

❸ 코틀린에서 다른 Activity를 호출하는 방법

툴바에 선언된 메뉴를 선택했을 때 처리되는 함수입니다. 그 중에 [+] 아이콘은 날씨를 보여줄 도시를 선택할 수 있도록 기능을 제공하는 SelectCityActivity를 시작하도록 했습니다. 그리고 이 Activity에서는 MainActivity로 결과값을 전달 받을 수 있도록 startActivityForResult()를 사용했습니다. SelectCityActivity 클래스가 종료되면 onActivityResult()로 값이 전달될 것입니다. 자바 클래스에 코틀린 클래스를 넘겨 줄 때 사용하는 키워드 ::java.class를 사용했습니다.

❹ AsyncTaskLoader의 콜백 함수 onLoadFinish 구현

ForecastDataLoader 클래스의 loadInBackground 함수에서 작업을 마치고 값을 리턴하게 되면 onLoadFinish 함수가 호출됩니다. 이 함수에서는 받은 값을 cardView의 Adapter에 업데이트해주고 데이터를 처리하는 동안 보여줬던 진행바(progress bar)를 없애는 작업을 합니다.

❺ let 함수 사용하기

let 함수는 코틀린에서 제공하는 inline 함수로 함수 내부에서 코드를 범위를 설정하여 코드를 좀더 효율적으로 만들어 줄 때 사용할 수 있습니다. 지금처럼 Adapter가 null일 경우 Adapter를 설정해주는 부분을 엘비스 연산자와 let 함수로 묶어 if(adapter==null) 코드를 대신하여 사용할 수 있습니다.

❻ AsyncTaskLoader reset 함수

로더가 리셋되면 호출되는 함수입니다. 리셋되면 기존에 저장해 두었던 값이 사라지고 새로운 값으로 다시 로드하게 되는데요. 이 함수에서는 기존에 있던 데이터를 삭제하는 구문을 넣을 수 있습니다. 하지만 필자는 onLoadFinish 함수가 호출될 때 기존에 있던 값을 지우고 다시 업데이트하도록 했습니다.

❼ forceLoad 함수를 통해서 AsyncTaskLoader 실행하기

❷에서 안드로이드가 설정했던 ID로 AsyncTaskLoader를 성공적으로 만들었다고 알려주는 콜백 함수입니다. 이 함수에서는 앞에서 만들었던 ForecastDataLoader 클래스를 선언하고 로더가 동작하도록 forceLoad 함수를 호출해줍니다.

그리고 네트워크를 이용하여 데이터를 가져오는 작업은 시간이 소요될 수 있으므로 사용자에게 대기시간이 있을 수 있음을 알려주기 위해서 진행바를 사용했습니다. 이렇듯 시간이 걸릴 수 있는 작업에 대해서는 사용자에게 진행바를 이용하여 대기가 있음을 알려주는 것이 좋습니다. 진행바를 사용하지 않으면 사용자는 갑자기 앱이 멈췄다고 생각할 수 있습니다.

❽ onActivityResult 함수에서 AsyncTaskLoader 초기화하기

onActivityResult 함수는 SelectCityActivity 클래스에서 도시를 추가했을 경우 그 결과값을 받을 수 있는 함수입니다. 여기서 추가된 도시가 있으면 로더에 기존 값을 버리고 새롭게 데이터를 로드하도록 supportLoaderManager.restartLoader 함수를 불러줍니다. 이때도 ID를 이용하여 불러줍니다. 당연한 이야기이지만 잘못된 ID를 넣게 되면 원하는 로더가 아닌 다른 로더를 초기화시킬 수 있으니 주의하세요.

메인 화면 레이아웃에서는 데이터를 로드하는 부분이 있어 진행바Progressbar를 사용하여 앱을 사용하는 사용자에게 대기 시간이 있을 수 있음을 표시하도록 추가했습니다. 그리고 툴바를 추가하고 카드뷰 리스트를 위해서 recycler view도 추가해야 합니다. 아래는 필자가 완성한 activity_main.xml 파일입니다. 참고하세요.

| [예제 5-13] 메인 화면에 진행바 카드뷰 리스트 추가 | res/layout/activity_main.xml |

```xml
<?xml version="1.0" encoding="utf-8"?>
<RelativeLayout xmlns:android="http://schemas.android.com/apk/res/android"
    xmlns:tools="http://schemas.android.com/tools"
    xmlns:app="http://schemas.android.com/apk/res-auto"
    android:id="@+id/activity_main"
    android:layout_width="match_parent"
    android:layout_height="match_parent"
    android:padding="16dp"
    android:background="#D8DFE7">

    <ProgressBar
        style="?android:attr/progressBarStyleLarge"
        android:id="@+id/progressbar"
        android:layout_width="wrap_content"
        android:layout_height="wrap_content"
        android:layout_centerInParent="true"/>
```

```
    <android.support.v7.widget.Toolbar
        android:id="@+id/toolbar"
        android:layout_width="match_parent"
        android:layout_height="?android:attr/actionBarSize" />

    <android.support.v7.widget.RecyclerView
        android:id="@+id/weatherList"
        android:layout_width="match_parent"
        android:layout_height="wrap_content"/>
</RelativeLayout>
```

5.11 앱 화면에 정보를 표시하는 카드뷰 사용하기

날씨 데이터를 로드하고 데이터를 추가하는 방법까지 알아보았습니다. 이제 이렇게 받은 데이터를 카드뷰를 이용하여 앱 화면에 표시해봅니다.

카드뷰는 리스트에서 정보를 표시할 때 하나의 카드 형태로 보여줄 수 있는 뷰의 한 형태입니다. 둥근 모서리와 카드 아래로 그림자를 넣는 효과를 줄 수 있어 디자인적으로 정보를 표시하는데 깔끔합니다. 독자 중에도 [그림 5-25]와 같이 앱에서 카드뷰로 정보를 표시하는 예를 많이 보았으리라 생각합니다. 날씨 앱에서 적용할 카드뷰는 다음과 같이 구성했습니다.

[그림 5-25] 날씨 앱에서 사용하는 카드뷰

카드뷰를 사용하는 방법은 어렵지 않습니다. 리스트에 들어가는 레이아웃을 설정할 때 상위 레이아웃을 카드뷰로 사용하면 됩니다. 다음 레이아웃 코드를 보면 쉽게 이해할 수 있을 것입니다.

필자는 앞의 뷰 구조를 구현하기 위해서 LinearLayout을 주로 사용했습니다. 필자가 완성한 레이아웃 xml 파일을 살펴보겠습니다.

| [예제 5-14] 카드뷰 화면 레이아웃 | res/layout/layout_card.xml |

```xml
<?xml version="1.0" encoding="utf-8"?>
<LinearLayout xmlns:android="http://schemas.android.com/apk/res/android"
    android:layout_width="match_parent"
    android:layout_height="wrap_content"
    xmlns:card_view="http://schemas.android.com/tools">

    <android.support.v7.widget.CardView
        android:layout_width="match_parent"
        android:layout_height="wrap_content"
        card_view:cardCornerRadius="7dp"
        android:background="@android:drawable/btn_default_small"
        android:layout_margin="5dp">
        <LinearLayout
            android:layout_width="match_parent"
            android:layout_height="wrap_content"
            android:orientation="vertical">

            <LinearLayout
                android:layout_width="match_parent"
                android:layout_height="match_parent"
                android:padding="10dp"
                android:orientation="horizontal">
                <LinearLayout
                    android:layout_width="wrap_content"
                    android:layout_height="wrap_content"
                    android:layout_marginRight="20dp"
                    android:orientation="vertical">
                    <TextView
                        android:id="@+id/descript"
                        android:layout_width="wrap_content"
                        android:layout_height="wrap_content"
                        android:layout_gravity="center_horizontal"
                        android:textSize="15dp"
                        android:textColor="#323232"/>
                    <LinearLayout
                        android:id="@+id/brief_info"
                        android:layout_width="wrap_content"
                        android:layout_height="wrap_content"
```

246

```
                android:layout_below="@+id/descript"
                android:orientation="horizontal">
            <ImageView
                android:id="@+id/weahter_icon"
                android:layout_width="60dp"
                android:layout_height="60dp" />
            <TextView
                android:id="@+id/current_temp"
                android:layout_width="wrap_content"
                android:layout_height="wrap_content"
                android:layout_gravity="center_vertical"
                android:textSize="20dp"
                android:textColor="@android:color/black"/>
        </LinearLayout>
        <TextView
            android:id="@+id/high_row_temp"
            android:layout_width="wrap_content"
            android:layout_height="wrap_content"
            android:layout_gravity="center_horizontal"
            android:textSize="15dp"
            android:textColor="#323232"/>
    </LinearLayout>
    <LinearLayout
        android:layout_width="wrap_content"
        android:layout_height="wrap_content">
        <RelativeLayout
            android:layout_width="wrap_content"
            android:layout_height="wrap_content"
            android:orientation="vertical">
            <TextView
                android:id="@+id/city_name"
                android:layout_width="wrap_content"
                android:layout_height="wrap_content"
                android:layout_marginBottom="10dp"
                android:textSize="15dp"
                android:textColor="@android:color/black"/>

            <ImageButton
                android:id="@+id/del_btn"
                android:layout_width="20dp"
                android:layout_height="20dp"
                android:layout_alignParentRight="true"
                android:background="@android:drawable/ic_delete"/>
            <TextView
                android:id="@+id/humidity_title"
                android:layout_width="wrap_content"
                android:layout_height="wrap_content"
                android:textColor="@android:color/black"
                android:layout_below="@id/city_name"
                android:layout_marginBottom="5dp"
```

```xml
                        android:textSize="12dp"
                        android:text="습도 : "/>
                    <TextView
                        android:id="@+id/humidity"
                        android:layout_width="wrap_content"
                        android:layout_height="wrap_content"
                        android:layout_below="@id/city_name"
                        android:layout_toRightOf="@+id/humidity_title"
                        android:gravity="center_vertical"
                        android:layout_marginBottom="5dp"
                        android:textSize="12dp" />
                    <TextView
                        android:id="@+id/cloudy_title"
                        android:layout_width="wrap_content"
                        android:layout_height="wrap_content"
                        android:layout_below="@+id/humidity"
                        android:textSize="12dp"
                        android:text="구름의 양 : "/>
                    <TextView
                        android:id="@+id/cloudy"
                        android:layout_width="wrap_content"
                        android:layout_height="wrap_content"
                        android:layout_below="@+id/humidity"
                        android:layout_toRightOf="@+id/cloudy_title"
                        android:gravity="center_vertical"
                        android:textSize="12dp" />
                    <TextView
                        android:id="@+id/wind_title"
                        android:layout_width="wrap_content"
                        android:layout_height="wrap_content"
                        android:layout_below="@+id/cloudy"
                        android:textSize="12dp"
                        android:text="풍속 : "/>
                    <TextView
                        android:id="@+id/wind"
                        android:layout_width="wrap_content"
                        android:layout_height="wrap_content"
                        android:layout_below="@+id/cloudy"
                        android:layout_toRightOf="@+id/cloudy_title"
                        android:gravity="center_vertical"
                        android:textSize="12dp" />
                </RelativeLayout>
            </LinearLayout>
        </LinearLayout>

        <com.kotlin.weathercast.ForecastView
            android:id="@+id/forecast"
            android:layout_width="match_parent"
            android:layout_height="60dp"
            android:layout_margin="5dp"/>
```

```
        </LinearLayout>
    </android.support.v7.widget.CardView>
 </LinearLayout>
```

표시해야 되는 정보가 많아 뷰가 다소 복잡해 보입니다. 하지만 코드를 살펴보면 표현
하려는 카드뷰는 기존의 레이아웃을 카드뷰로 한번 감싸는 형태입니다.

5.12 Custom View 작성하기

앞에서 살펴봤던 레이아웃 xml에 기존에 보지 못했던 ForecastView를 보았을 것입니다. ForecaseView를 보면 앞에 이 프로젝트의 이름이 들어가 있는데요, ForecastView는 안드로이드에서 제공하지 않는 개발자가 직접 만든 Customview입니다. 여러분만의 CustomView를 작성해볼까요?

5.12.1 ForecastView 작성하기

ForecastView는 아래 그림과 같이 날짜 정보와 날씨 아이콘, 최저 기온을 나타내는 여러 개의 뷰를 갖는 리스트 뷰와 스크롤 뷰로 구성되어 있습니다.

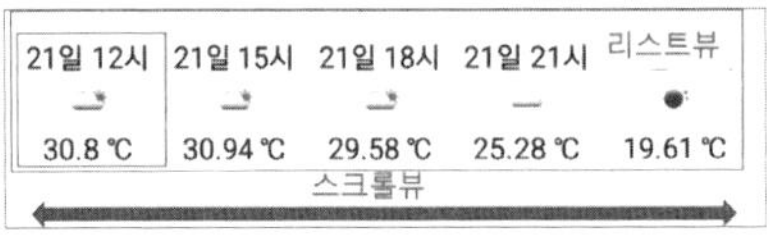

[그림 5-26] 리스트 뷰와 스크롤 뷰

이렇게 개발자 직접 만든 Custom View는 코틀린에서 어떻게 만드는 살펴보겠습니다.

Custom View를 만드는 방법도 자바에서 생성하던 방법과 크게 다르지 않습니다. 자바에서 Custom View 생성하던 방법에서 언어만 코틀린으로 변경하는 형식이라고 생각하면 쉬운데요, Custom view를 만들 때는 생성자를 여러 가지 타입으로 만드는 게 보통입니다. 그 이유는 CustomView를 코드로 바로 생성하여 사용하는 경우도 있지만 xml에서 만들 때도 있는데, 이때 사용하는 생성자가 다르기 때문입니다.

xml 파일에서 CustomView를 사용할 수 있도록 하려면 레이아웃 xml에서 선언한 attribute가 적용될 수 있도록 받아서 view 부모 클래스로 전달해주는 생성자가 필요합니다. 자바에서 다양한 생성자를 선언하려고 기본 생성자를 오버로딩하는 방법으로 코드를 작성했다면 코틀린에서는 constructor라는 키워드를 사용해서 함수의 인자만 다르게 선언하여 다양한 생성자를 생성할 수 있음을 2장에서 설명한 적이 있습니다. 필자가 완성한 코드를 보면서 Custom View를 어떻게 생성하는지 알아봅니다.

[예제 5-15] Custom View 생성하기 | com/kotlin/weathercast/ForecastView.kt

```kotlin
package com.kotlin.weathercast

import android.content.Context
import android.util.AttributeSet
import android.view.LayoutInflater
import android.view.View
import android.widget.HorizontalScrollView
import android.widget.ImageView
import android.widget.LinearLayout
import android.widget.TextView
import com.kotlin.weathercast.R
import com.kotlin.weathercast.data.WeekList
import java.text.SimpleDateFormat
import java.util.*

class ForecastView: LinearLayout {                                         ❶
    var mainView: View? = null
    var scrollView: HorizontalScrollView? = null

    constructor(context: Context):super(context)                           ❷
    constructor(context: Context, attributes: AttributeSet):super(context,
attributes)

    init {                                                                 ❸
        mainView = LinearLayout(context)
        scrollView = HorizontalScrollView(context)
        scrollView?.scrollBarSize = 2
        scrollView?.addView(mainView)
        addView(scrollView)
    }

    private fun getForecastDate(time:Long):String                          ❹
    {
        val format: SimpleDateFormat = SimpleDateFormat("dd일 HH시", Locale.KOREA)
        return format.format(time*1000L)
    }

    private fun createItemView(): View                                     ❺
    {
        val inflater = context.getSystemService(Context.LAYOUT_INFLATER_SERVICE) as
LayoutInflater
```

```
        return inflater.inflate(R.layout.layout_week_weather_view, null, false)        ❽
    }

    private fun getDataIndex(data: ArrayList<WeekList>):Int{
        val current:Long = Date().time
        for(i in 0..data.size-1)
        {
            if(current < data[i].dt.toLong())
            {
                return i
            }
        }
        return 0
    }

    fun setView(data: ArrayList<WeekList>, icon_url:String)                           ❻
    {
        val start = getDataIndex(data)
        (mainView as LinearLayout).removeAllViews();
        for(i in start..(start+15)) {
            val layout: View = createItemView()

            val week: TextView = layout.findViewById(R.id.week) as TextView
            week.text = getForecastDate(data[i].dt.toLong())

            val icon: ImageView = layout.findViewById(R.id.weather_icon) as ImageView
            icon.loadUrl(icon_url+data[i].weather[0].icon+".png")

            val temp: TextView = layout.findViewById(R.id.avg_temp) as TextView
            temp.text = "${data[i].main.temp} \\u2103"                                 ❼

            (mainView as LinearLayout).addView(layout)
        }
    }
}
```

❶ Custom View 생성을 위해 LinearLayout 상속 받기

LinearLayout을 상속 받아 필요한 뷰들을 만들 수 있도록 했습니다. 클래스 이름과 함께 선언하는 기본 생성자를 만들지 않고 클래스를 만들 수 있는데요, 이때는 부모, 자식 클래스의 기본 생성자를 적지 말아야 합니다. Custom View를 생성할 때 부모 클래스는 꼭 LinearLayout일 필요는 없습니다. 필요에 따라 ViewGroup이나 RelativeLayout 등 다양한 뷰를 상속받아 사용할 수 있습니다. 필자가 LinearLayout을 사용한 이유는 ForecastView는 여러 가지 뷰를 조합해서 만들어, 뷰를 구성하는 레이아웃 중에 가장 적합하다고 생각되는 레이아웃을 상속 받았습니다.

❷ Custom View에서 생성자 선언하기

기본 생성자를 없애고 constructor 키워드를 이용하여 생성자를 여러 개 생성했습니다. 기본 생성자를 없애고 constructor를 이용하여 선언하면 다양한 형태의 생성자를 구성할 수 있기 때문입니다. AttributeSet를 인자로 받는 생성자를 만들어 주면 layout_card.xml에서처럼 xml에 뷰를 선언하여 사용할 수 있습니다. AttributeSet를 받는 생성자를 만들어 주지 않으면 xml에서 사용할 때 에러가 나니 xml에도 사용하도록 허용한다면 꼭 AttributeSet을 받는 생성자를 선언해줍니다.

❸ Init 함수로 클래스 변수 초기화하기

Init 함수를 사용하면 자바의 생성자 함수에서 선언해주던 클래스 변수들을 초기화할 수 있습니다. 일기예보 뷰에서 가로 스크롤을 선언해서 main view에 추가해 주었습니다.

❹ 밀리세컨드(ms)를 날짜로 표시하는 방법

SimpleDateFormat를 사용하면 밀리세컨드(ms) 시간 값을 우리가 알고 있는 년/월/일 형식으로 변환해 사용할 수 있습니다. format 함수에서 1000L을 사용한 이유는 ms로 표시되는 시간은 Long으로 표시됩니다. Long형 연산을 하려면 상수도 Long형으로 타입 캐스팅을 해주어야 합니다. 그래서 상수 1000을 타입 캐스팅하려고 L을 사용했습니다.

❺ 일기예보 뷰 생성 함수

리스트뷰에 일기예보 뷰를 생성해서 넣을 때 사용하기 위해서 만든 함수입니다.

❻ ForecastView를 생성하는 함수

AsyncTaskLoader를 이용하여 받은 일기예보 데이터를 이용하여 뷰를 그리는 함수입니다. 외부에서는 ForecastView에 데이터를 설정해 주면 ❺의 함수를 이용하여 일기예보 뷰를 만들어 넣어주도록 했는데요, 일기예보는 15일 단위로 한정해서 보여주도록 했습니다.

❼ String template 사용하기

String template으로 변수 앞에 $를 붙여주면 스트링에 변수값이 대체됩니다. ￦￦u2103은 유니코드로 ℃를 표현하는 코드입니다.

❽ 날씨 정보를 담는 뷰 레이아웃

createItemView를 보면 뷰를 만들어서 넘겨주는 부분이 보일 텐네요. 이 view는 시간에 따라 날씨 정보를 담을 뷰입니다. 이 뷰에 대한 레이아웃은 시간 정보와 날씨에 대한 아이콘 그리고 시간에 온도 정보를 갖고 있습니다.

```xml
<?xml version="1.0" encoding="utf-8"?>
<LinearLayout xmlns:android="http://schemas.android.com/apk/res/android"
    android:orientation="vertical" android:layout_width="wrap_content"
    android:layout_height="wrap_content"
    android:paddingLeft="5dp"
    android:paddingRight="5dp"
    android:gravity="center">
    <TextView
        android:id="@+id/week"
        android:layout_width="wrap_content"
        android:layout_height="wrap_content"
        android:textSize="12sp"
        android:text="2016-01-05"
        android:textColor="@android:color/black"/>
    <ImageView
        android:id="@+id/weather_icon"
        android:layout_width="20dp"
        android:layout_height="20dp" />
    <TextView
        android:id="@+id/avg_temp"
        android:layout_width="wrap_content"
        android:layout_height="wrap_content"
        android:textSize="12sp"
        android:text="cloody"
        android:textColor="@android:color/black"/>
</LinearLayout>
```

CustomView를 사용할 때 뷰를 직접 그리는 경우(파이 차트를 그리는 경우 등 안드로이드에서 제공하지 않는 뷰를 그려야 될 때)에는 onMeasure()와 onDraw()를 오버라이드하여 사용하지만 ForecastView의 경우는 필요한 뷰를 조합해서 만드는 CustomView라 두 함수를 오버라이드하지 않았습니다.

5.12.2 CardView List Adapter 작성하기

카드뷰를 만드는 방법에 대해서 알아보았으니 이제 RecyclerView를 이용하여 카드뷰 리스트를 만드는 방법에 대해서 살펴봅니다. CardViewListAdapter에는 데이터 날씨에 대한 정보를 받아 설정하는 부분이 들어가야 될겁니다. 그리고 CardView에는 CustomView도 들어가니 그에 대한 설정도 필요하겠죠? 아래 필자가 완성한 코드를 함께 살펴봅시다.

앞 장 예제에서 RecyclerView를 사용하는 방법을 학습했는데요, 이 예제에서는 RecyclerView를 사용하는 자세한 방법에 대해서는 언급하지 않으려고 합니다. 사용법이 생각나지 않는 독자라면 3장을 다시 한번 살펴보세요.

| [예제 5-17] CardViewListAdapter 작성하기 | com/kotlin/weathercast/CardViewListAdapter.kt |

```kotlin
package com.kotlin.weathercast

import android.content.Context
import android.support.v7.widget.RecyclerView
import android.view.LayoutInflater
import android.view.View
import android.view.ViewGroup
import android.widget.ImageButton
import android.widget.ImageView
import android.widget.TextView
import com.kotlin.weathercast.R
import com.kotlin.weathercast.db.DBHandler_Anko
import com.kotlin.weathercast.data.WeatherForecast
import com.squareup.picasso.Picasso
import java.util.*

class ViewHolder(itemView: View) : RecyclerView.ViewHolder(itemView)
{
    val descript: TextView = itemView.findViewById(R.id.descript) as TextView
    val weatherIcon: ImageView = itemView.findViewById(R.id.weahter_icon) as ImageView
    val currentTemp: TextView = itemView.findViewById(R.id.current_temp) as TextView
    val highRowTemp: TextView = itemView.findViewById(R.id.high_row_temp) as TextView
    val cityName: TextView = itemView.findViewById(R.id.city_name) as TextView
    val humidity: TextView = itemView.findViewById(R.id.humidity) as TextView
    val cloudy: TextView = itemView.findViewById(R.id.cloudy) as TextView
    val wind: TextView = itemView.findViewById(R.id.wind) as TextView
    val forecast: ForecastView = itemView.findViewById(R.id.forecast) as ForecastView
    val delbtn: ImageButton = itemView.findViewById(R.id.del_btn) as ImageButton

    fun bindHolder(context:Context, data:WeatherForecast,
delClick: View.OnClickListener?)                                          ❶
    {
        descript.text = data.current[0].description
        weatherIcon.loadUrl(data.iconUrl + data.current[0].icon + ".png")
        currentTemp.text = String.format("%s \\u2103", data.current.main.temp)

        val format: String = "%s \\u2103 / %s \\u2103"
        highRowTemp.text = String.format(format, data.current.main.temp_min, data.
current.main.temp_max)
        cityName.text = data.current.cityName
        cloudy.text = String.format("%s %%", data.current.clouds.all)
        humidity.text = String.format("%s %%", data.current.main.humidity)
```

```
      wind.text = data.current.wind.speed
      forecast.setView(data.week.list, data.iconUrl)
      delbtn.setOnClickListener(delClick)
      delbtn.tag = data.current.api_id
  }
}

fun ImageView.loadUrl(url:String) ················································ ❷
{
    Picasso.with(context).load(url).into(this)
}

class WeatherListViewAdapter(val context: Context, val data:
ArrayList<WeatherForecast>)
    : RecyclerView.Adapter<ViewHolder>() {
    var mWeatherData = ArrayList<WeatherForecast>(data)
    var delBtnClickListener:View.OnClickListener? = null

    override fun onCreateViewHolder(parent: ViewGroup?, viewType: Int): ViewHolder {
        val inflater: LayoutInflater = context.getSystemService(
        Context.LAYOUT_INFLATER_SERVICE) as LayoutInflater
        val mainView = inflater.inflate(R.layout.layout_card, parent, false)
        val viewHolder: ViewHolder = ViewHolder(mainView)
        return viewHolder
    }

    override fun onBindViewHolder(holder: ViewHolder?, position: Int) {
        val data = mWeatherData[position]
        holder?.bindHolder(context, data, delBtnClickListener)
    }

  fun setDeleteClickListener(onClick: (View)->Unit){ ······························ ❸
        delBtnClickListener = object : View.OnClickListener { ······················ ❹
            override fun onClick(view: View) {
                onClick(view)
            }
        }
    }

    fun updateData(newData: ArrayList<WeatherForecast>){ ···························· ❺
        mWeatherData.clear()
        mWeatherData.addAll(newData)
        notifyDataSetChanged()
    }

    fun removeData(api_id:String)
    {
        for(i in mWeatherData)
        {
```

```
                if(i.current.api_id.equals(api_id)) {
                    mWeatherData.remove(i)
                    break
                }
            }
        }
        notifyDataSetChanged()
    }
    override fun getItemCount(): Int = mWeatherData.size ························· ❻
}
```

❶ **ViewHolder 클래스 bindHolder 함수로 편하게 설정하기**

ViewHolder 클래스 내부에 bindHolder 함수를 하나 만들었습니다. 이렇게 Holder 클래스 내부에서 함수를 하나 만들어서 ViewHolder에 선언되어 있는 클래스 변수에 바로 접근할 수 있게 되면 Adapter 클래스의 View에서 findViewbyId 함수로 찾아서 설정해 주는 수고를 덜 수 있습니다.

❷ **코틀린의 주요 특징 중 하나인 클래스 확장 사용하기**

기존 ImageView에 새로운 함수를 추가해 줄 수 있습니다. 추가된 함수는 컴파일 시점에 ImageView에 inline 함수로 추가됩니다. 그래서 loadUrl 함수는 앱 안에서 자유롭게 사용할 수 있는데요. 이 점이 2장에서 소개한 코틀린의 장점 중에 하나입니다. 기존에 이미 만들어진 클래스에 inline으로 함수를 생성해도 기존 클래스를 상속 받아서 클래스를 만드는 방법과 동일한 효과를 냅니다.

❸ **함수 인자에 람다 사용 선언하기**

함수의 인자로 람다식을 받을 수 있게 하기 위해서 파라미터가 Unit으로 선언했습니다. 인자의 이름을 onClick으로 정의하고 이 함수는 View를 인자로 받도록 선언했습니다. 이 함수를 사용하는 외부에서는 람다식을 이용하여 코드에 onClick 함수를 바로 선언하여 사용 할 수 있습니다. 함수를 인자로 받고자 할 때 인자 [함수 파라메터 이름:(함수 파라미터)-)Unit]으로 선언해주면 됩니다. 만약 함수 파라미터가 없다면 [함수 파라미터 이름: ()-)Unit] 이렇게 선언해주면 됩니다.

❹ **Object 키워드 사용하기**

Object 키워드는 익명 클래스(anonymous class)를 만들 때도 사용할 수 있습니다. Object는 View. OnClickListener를 상속 받은 익명 클래스로 interface 클래스 View.OnCllckListener를 상속 받아 만들어진 클래스입니다. 부모 클래스가 interface 클래스이므로 함수로 onClick 함수를 구현해 주어야 합니다.

❺ **Adapter 데이터 업데이트 함수 추가하기**

데이터가 추가되면 Adapter가 업데이트될 수 있도록 함수를 하나 추가했습니다. 그리고 추가된 데이터가 Adpater의 뷰에 적용되게 하려면 notifyDataSetChanged()를 호출하여 데이터가 변경되었으니 뷰를 다시 업데이트하라고 알려주어야 합니다. 이 함수를 부르지 않으면 변경된 데이터가 적용되지 않으니 주의하세요.

❻ **한 줄로 함수 표현하기**

코틀린은 한 줄로 함수를 표현할 수 있는 경우 equal 기호(=)를 통해서 바로 리턴값을 할당할 수 있습니다.

애플리케이션을 위한 소스코드 및 레이아웃은 모두 추가했습니다. 추가한 Activity를
사용하려면 Manifest에 Activity를 선언해주어야 합니다. 필자는 다음과 같이 추가했
습니다.

```xml
<?xml version="1.0" encoding="utf-8"?>
<manifest xmlns:android="http://schemas.android.com/apk/res/android"
    package="com.kotlin.weathercase">

    <uses-permission android:name="android.permission.INTERNET" />    ❶

    <application
        android:allowBackup="true"
        android:icon="@mipmap/ic_launcher"
        android:label="@string/app_name"
        android:supportsRtl="true"
        android:theme="@style/AppTheme">
        <activity android:name="com.kotlin.weathercast.MainActivity">
            <intent-filter>
                <action android:name="android.intent.action.MAIN" />

                <category android:name="android.intent.category.LAUNCHER" />
            </intent-filter>
        </activity>
        <activity android:name="com.kotlin.weathercast.SelectCityActivity"></activity>
    </application>

</manifest>
```

❶ 소스코드와 Manifest에서 선언한 권한의 일치

일기예보 애플리케이션의 경우 인터넷으로 데이터를 받아 와야 합니다. 안드로이드 애플리케이션은 인
터넷을 사용하기 위해서는 internet 권한을 Manifest에 선언해 주어야 합니다. 그래서 uses-permission
부분이 추가된 것입니다. 이 권한이 없을 경우 앱이 실행되지 않고 종료되니 빠뜨리지 않고 꼭 추가하
도록 합시다.

일기예보 애플리케이션을 완성하고 실행하면 다음과 같은 화면을 볼 수 있는데요, ▨
버튼을 이용하여 원하는 도시의 일기예보를 추가할 수 있습니다.

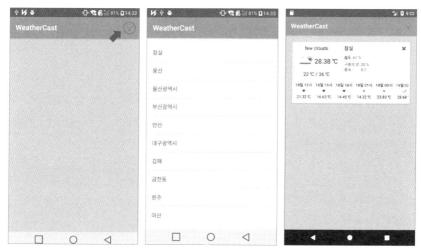

[그림 5-27] 완성된 일기예보 앱

애플리케이션이 완성된 후의 소스트리의 모습입니다.

[그림 5-28] 완성된 일기예보 앱 소스트리

정리하며

이번 장을 통해서 코틀린에서 백그라운드 작업을 위한 AsyncTaskLoader를 어떻게 사용하는지 살펴보았습니다. 자바로 개발했을 때와 비교해서 애플리케이션 속도가 빨라지거나 하지는 않겠지만 코드를 살펴보면 코드가 간결하고 보기 쉽게 작성이 됨을 느낄 수 있을 거라 생각합니다. 그리고 코틀린에서 제공하는 let()이나 apply()를 이용하여 함수를 생성하지 않고도 코드를 직렬으로 작성할 수 있다는 점도 알아보았습니다. 확실히 코틀린은 코드를 작성할 때 개발자가 좀더 편하고 안전하게 코딩을 할 수 있도록 만들었다는 생각이 듭니다.

1. company object와 object의 차이점은 무엇인지 설명해봅니다.

2. 아래 코드를 String template를 사용하여 표현해봅니다.

```
val format: String = "%s \\u2103 / %s \\u2103"
    highRowTemp.text = String.format(format, data.current.main.temp_min, data.
current.main.temp_max)
```

3. AsyncTaskLoader 클래스를 사용하지 않고 thread()를 이용하여 ForecastLoader.kt
파일을 대체할 수 있는 기능을 가진 함수를 작성해봅니다. 함수를 작성할 때 UI 업데
이트를 위해서 runOnUiThread()도 함께 사용해보세요.

4. 아래 코드를 코틀린으로 변경해봅시다. setNetworkResultCallback()의 인자는 함
수를 받을 수 있도록 선언해봅시다.

```
interface NetworkResultCallback{
    void onResultCallback(int result, ArrayList<String> data);
}

public class Test {
    private NetworkResultCallback mCallback;
    void setNetworkResultCallback(NetworkResultCallback callback){
        mCallback = callback;
    }
}
```

*해답은 http://github.com/kukuru/roadbook에 있습니다

책을 마무리하며

지금까지 2장에서 간단히 살펴본 코틀린 문법을 기준으로 예제 코드를 살펴보았습니다.

코틀린 문법의 모든 내용을 언급한 것은 아니지만 간단한 앱을 만들기 위해 필요한 기초 문법 위주로 소개했는데요, 자바를 사용하던 개발자는 코틀린 문법을 사용하면서 자바에서 사용하던 방식으로 코틀린을 사용하려는 경우가 많습니다. 코틀린 문법이나 예제를 반복적으로 보면서 눈에 익혀 자바를 코틀린으로 변경하기보다, 코틀린을 위한 문법으로 개발하는 쪽을 권합니다. 물론, 자바는 편리한 언어이지만 현대 언어들이 가지고 있는 편리성이나 효율성 측면에서 부족한 점이 많습니다. 하지만 자바의 JVM이 가지는 엄청난 이득을 버릴 수도 없는 것이 현실입니다. 이런 측면에서 코틀린은 자바의 장점인 JVM을 사용하고 단점인 효율성을 높였다는 측면에서 상당히 장점이 많습니다.

코틀린도 자바와 많은 점이 다르다는 측면에서 새로운 언어를 배워야 한다는 점이 개발자로서는 큰 부담이기는 합니다. 하지만 코틀린은 기존 자바에서 그 형태가 많이 벗어 나지 않고 자바보다 편리한 기능을 제공하며 개발에 안정성을 높여주는 언어임을 확실히 느낍니다. 배우는 수고는 적고 개발의 효율이 올라갈 수 있다면, 새로 시작하는 프로젝트가 있거나 안드로이드를 이제 배우는 개발자라면 코틀린으로 시작해보는 것도 좋지 않을까 생각합니다. 부디, 이 책을 통해 코틀린의 세계로 가는 여정이 좀더 간결하고 쉽기를 바랍니다.

찾아보기